KB061410

본격 한중일 세계사

11 서남전쟁과 위구르 봉기

초판 1쇄 발행 2021년 7월 28일 **초판 3쇄 발행** 2023년 5월 24일

지은이 굽시니스트
펴낸이 이승현

출판2 본부장 박태근
지적인 독자 팀장 송두나
편집 김광연
디자인 하은혜

펴낸곳 ㈜위즈덤하우스 **출판등록** 2000년 5월 23일 제13-1071호
주소 서울특별시 마포구 양화로 19 합정오피스빌딩 17층
전화 02) 2179-5600 **홈페이지** www.wisdomhouse.co.kr

ⓒ 굽시니스트, 2021

ISBN 979-11-91766-35-6 04900
　　　979-11-6220-324-8 (세트)

* 이 책의 전부 또는 일부 내용을 재사용하려면 반드시 사전에 저작권자와
　㈜위즈덤하우스의 동의를 받아야 합니다.
* 인쇄·제작 및 유통상의 파본 도서는 구입하신 서점에서 바꿔드립니다.
* 책값은 뒤표지에 있습니다.

본격 한중일 세계사

11
서남전쟁과
위구르
봉기

굽시니스트 글·그림

위즈덤하우스

머리말

2021년 7월 현재, 세계는 코로나 역병의 각종 변이가 창궐하고, 기후 변화로 폭염과 폭우가 몰아쳐 몸살을 앓고 있습니다. 이런 난세에 한가하게 역사 교양 만화책을 계속 낼 수 있음은 실로 1세계 거주민이니 가능한 일이겠지요. 부유하고 청결하며 민주주의 체제하에 개개인의 인권과 표현의 자유를 보장하는 1세계 선진국(근래 유엔무역개발회의에서 우리나라를 선진국으로 분류했다고 하지요). 하지만 세계의 8할은 여전히 가난하고 위험하며 권위주의적 체제가 사람들의 자유를 억압하고 인권을 짓밟는 곳입니다. 그나마 세계 각지로 풍요와 민주주의가 확산하는 추세라면 희망적이겠지만, 오히려 역행하는 경우도 있다지 말입니다. 아시아의 대표적 선진 문명사회로 여겨졌던 홍콩에 '죽竹의 장막'이 드리우게 된 것은 매우 충격적인 일이지요. 11권의 주인공인 위구르의 경우 죽의 장막에 전기 철조망까지 두른 형세라 하니 암담한 일이 아닐 수 없습니다. 물론 19세기와 20세기의 난세에 비하면야 21세기는 난세 클럽에서 입구컷 당할 레벨이긴 하지만, 우리는 우리가 살아가는 현재를 놓고 호들갑 떨며 살아가야 합니다. 시간의 거리보다 공간의 거리가 가까운 법이지요.

세계의 여러 변경에서 펼쳐지고 있는 디스토피아는 우리의 마음을 무겁게 합니다. 그래도 막연하게 무거운 마음보다는 구체적으로 무거운 마음이 낫지 않을까요. 이 만화가 우리의 무거운 마음에 역사적 구체성을 더해줄 수 있기를 바라며 펜을 누입니다.

2021년 7월

굽시니스트

차례

머리말..005

제1장 불평 사족의 난.. 009
제2장 하기의 난... 031
제3장 반란전야.. 051
제4장 서남전쟁 발발.. 069
제5장 서남전쟁의 전개.. 091
제6장 규슈는 불타고 있는가................................ 113
제7장 Saigo Star!.. 139
제8장 동란기의 끝.. 157
제9장 신강 무슬림 봉기....................................... 185
제10장 야쿱의 사다리.. 213
제11장 Opening.. 233
제12장 투르기스탄 남벌....................................... 253
제13장 ㅇㅈ, ㅇㅈ, ㅇㅈ..................................... 277
제14장 새벽 가로수길... 297
제15장 신강 원정.. 319
제16장 End of 신강 무슬림 봉기........................ 339

주요 사건 및 인물... 358

제 1 장

불평
사족의 난

에도 시대 농촌의 애매모호한 토지 귀속 구조는
소유보다는, 토지에서의 실질적인 삶으로
설명될 수 있습니다.

소작농은 빚의 담보로
묶인 토지를 경작하는
사람이고, 그 토지에 대해
여전히 소작농 집안이
배타적 권리를 가지고 있다.

지주는 대농장주보다는
향촌 대부업자의 성격을 더
짙게 가지고 있다.

또한 왕토 사상에 따라 광대한 무주지가
산재해 있었고, 그곳에서 농민들은
로컬 룰에 따라 땔감을
충당할 수 있었다.

절의 중놈들이
자기네 산이라고
야료 부리는 경우도
있지만 말이죠.

공유지에서 얻은 수확으로 마을 공동체
무라의 세금 공동 납부에도 보태고.

세금은 수확량의
1/5~1/3을 쌀로 받는
현물세가 국룰이었고.

러시아의
농촌 공동체 미르와
발음도 비슷하지요. '므르'.

그런데 이 모든 구습은 1873년부터 시작된
지조개정으로 싹 쓸려 나가게 됩니다.

으음¨

명확한 소유권이
근대 자본주의의
기본 언어다!!

토지 소유 관계, 나라가
깔끔하게 정리해 준다!

아, 그리고 무주지, 공유지는
이제부터 다 나라 땅입니다.

맘대로 나무해 가면
감옥 간다.

이는 무라를 해체하고,
나라가 농민들을 호주 단위로
직접 상대하며 세금을
받는 것을 뜻하지!!

지조 개정으로 부동산을 확실하게
거래 가능한 자산으로 설정—
부동산 거래를 활성화하고,
그리 만들어진 현금이 일본 자본주의의
종잣돈으로 쓰일 수 있도록 꾀하는 것이죠.

농촌 공동체의 전통 있는
구성원에서 도시 빈민으로;;

그리고 무라 해체와 전통적 토지 권리 상실로
향촌과의 끈이 모두 끊긴 농민들이
도시로 향함으로써, 풍부한 노동력 공급!
도시 산업화를 촉진!

이리 진행되는
지조 개정 사업은 농민들에게
삶의 기반을 파괴하는
폭거로 여겨질 수밖에 없고.

아오!! 역시 구관이
명관이로구나!!!

유신 뀐놈들의
일군만민 어쩌고
사탕발림에 속았다!!

당연히 전국 각지에서 지조 개정 반대 폭동이
콩 볶듯이 터져 나온다.

의무 교육, 징병령, 천민 해방 등에
반대하는 신정 반대 폭동의 성격도
함께 갖고 있지요!

1874년부터 1880년까지 이어진
사카타의 왓빠 폭동

사카타

이바라키

기후

아이치

미에

1876년
이바라키 폭동

1876년
미에, 아이치, 기후의
이세 폭동

주모자들을 처형하고 5만여 명을 사법 처리하는 등
강경 진압에 나섰지만, 민란의 불길은 사그라들지 않았고.

결정적으로, 이후 물가가 지속적으로 상승하면서,
쌀을 팔아 현금으로 세금을 내는 게 농민들에게 크게
유리해짐에 따라 농민 봉기는 자연스럽게 사라지게 된다.

세금 부담이 막부 시절의
절반 이하가 되었어~♪

역시 새 세상이
좋은 세상이구나.
신정부는 갓정부
ㅇㅈ합니다~

공시 지가가 고정되어 지세는
그대로인데 쌀값은 올라서 쌀 판
현금으로 지세 내는 게 개이득.

이처럼 조세 관련 투쟁이 거하게 지나간 후
농촌에서는 지방세를 내는 지주들이
세금 용처에 대해 목소리를 내기 시작하면서,
자유민권운동, 지방참정권운동으로 이어지게 된다.

세금 있는 곳에
대표 있다!

촌놈들이 못된 서양물은
참 빨리도 줏어 먹네;;

지방
재정

이처럼 정부가 구차하게 농촌에서
세금을 털어먹고 땅을 털어먹는 데
집착해야 했던 이유는―

관세 세율만 25%로 유지했어도!!
관세만으로 정부 재정
100% 충당 가능했을 텐데!!

양놈들이 불평등조약으로
정한 5% 관세를
누구 코에 붙이나!!

대장경(기재부 장관)
오쿠마 시게노부

아니, 조선에 무관세조약
던진 놈들이 뭐라는겨;;
양심 어디?

이 상황에서 역시 제일 큰 부담은
국가 예산의 3분의 1을 잡아먹고 있는
사족 봉록 지급.

이게 그
기본 소득 실험인가
뭔가 하는 거냐;;

이제 슬슬 국가에 달라붙은
이 시대착오 무위도식자들 문제를
정리하지 않으면 안 되겠습니다.

우리도 사무라이인데;
좀 거슥하구먼;

정부가 사족 봉록 지급을
정지할 것이라는 소문은
이미 사족 사이에
파다하게 퍼져 있었고.

슬슬 연기금이
고갈될 거라던데.

조선 땅, 만주 땅
정복해서 나눠주면
되지 않나.

※진짜로 대충
이런 느낌으로
생각했다고.

정부 놈들이 쫄보라
무리일 듯.

사무라이들이 사무라이기에
받아 마땅하다 여기는
녹봉….

그 마땅한 신분이
허상이라는 걸 어떻게든
깨닫게 해줘야겠군.

칼 차고 다니는 거
금지!!!

1876년 3월, 폐도령 발령!

육군대신 야마가타 아리토모

군대도 있고 경찰도 있는
문명 개화 세상에
칼 두 자루 차고 거들먹거리며
다니는 인간들을 어찌
용납할 것인가?!

어허~!
사회적 칼 거두기 조치
시행 중이니
그 칼 풀어놓으시오!!

아이고, 이놈들아!!
이 칼은 안 된다!!
조상 대대로 전해 내려오는
명검 류이치몬지다!!

아, 칼 소유를 금지하는 게
아니라고요.;;
허리에 차고 다니는 걸
금지하는 거지!

의외로 허용되는 칼 소지 방법.

어깨에 매기.

가방에 넣고
다니기.

입에 물기.

금지되는 건 오직 하나,
허리춤에 차고 다니는 것.

말인즉슨, 사무라이의 기본 패도,
허리춤에 찬 두 자루의 칼이라는
의관을 허용 않겠다는 거죠!

헐, '놈'의 의관을
금지하는 조치라니;
그냥 평범한 총·포·도검류 관리법
같은 게 아니었구먼!

으어~! 사무라이가
사무라이 기본 스킨을
쓸 수 없다니?!!

정부가 사족을 더는
신분으로 인정하지
않으려는 겐가?!

이제 칼도 찰 수 없고
봉록도 받을 수 없다는
현실을 받아들여라.

그래도 퇴직금조차 없이 바로
봉록 지급을 정지한다면
꽤 큰 소요와 사회 불안의 원인이
될 테니 대책이 필요하죠.

무진전쟁으로 날린 동쪽 사무라이들과
사족 신분에서 제외한 하급 사무라이들을 빼면
현재 사족 숫자는 약 150여만 명.

그중 정부의 녹봉 지급 대상자는
사족 가족의 호주인 약 48만 명.

사무라이 가족의 가장−
호주 아래 대충 아들이나 남동생
두어 명이 있는 셈이죠.

이미 1873년, 녹봉 정리를 위해
희망자에 한해 6년 치 녹봉을 퇴직금으로 책정.

그중 절반은 현금으로 주고,
절반은 채권으로 주는 정책을
시험해 봤는데—

절반은
나라에 꿔준 셈 치쇼.
이자 드릴 테니.

13만 명이 이에 응해 희망퇴직,
퇴직금을 수령.

근데 그것만으로도
재정이 파탄 나서
이 정책은 1년 만에 중단.

와, 현금이
이렇게 없나;;

결국 1876년 10월, **질록처분 발표!**

사족 봉록 지급을
종료하고,
모든 사족에게
퇴직금을 정산해 준다!!

호봉과 직급에 따라
5~10년 치 연봉을
퇴직금으로 책정!

단, 퇴직금으로 줄 현금이 없으므로,
퇴직금 전액을 채권화한 금록공채로 나눠준다.

예?!

퇴직금 전액,
나라에 꿔준 셈 치쇼.

金禄公債

대신, 이자 잘 쳐드릴게.
호봉, 직급, 공헌도에 따라
1년에 5~7%의 이자를
지급해 드립니다~

(사쓰마 이너써클은 10%의 이자를 받았다.)

음;; 연리 5%,
30년 만기 상환….

30년간 1년에 한 번씩
추첨해서 당첨자들에게
원리금을 상환….

즉, 연봉이 2천만 원이었다면
퇴직금으로 1억 원이 책정되고,

30년간 매년 1억 원의 5%인
500만 원을 받는다는 건가.

이건 날품팔이 노동자 연수익의 3분의 1이라고!! 이걸로 어떻게 먹고살아!!

아니, 아무 일 안 해도 나라에서 연 500만 원씩 꼬박꼬박 나온다니! 개꿀이구먼!!

이래서 사람들이 사족들을 싫어하는거!!

이거 1억 원짜리 채권인데;

금록공채 이자로는 먹고살 수 없고, 그렇다고 취직해서 평민 밑에서 일하는 건 사무라이 체면 깎이는 일인지라—

깡해서 8천만 원 드립죠~

그리 채권을 팔아 만든 목돈으로 사업을 시작한 사무라이 대부분은 패망하거나 사기당하는 엔딩.

아니, 장사가 왜 안 되는 거지;

사장이 사족이니 예를 갖추시오.

컴플레인하면 칼 날아올까 봐 무서워요;

크악!
내가 막 말에는
말이야!!

그렇게 특권 계층에서
순식간에 사회 하층부로
굴러떨어진 **몰락 사족**이
이 시대의 한 전형으로 남게 된다.

화족의 금록공채는
매매도 금지되어 있었죠.

반면 화족에게 책정된 거액의 퇴직금 공채는
온갖 특혜를 받는 전용 은행이 관리하며
연 10% 이상의 이자로 그들의 부귀영화를
제국 끝날까지 보장해 줬다.

이런 폐도령, 질록처분 등으로
사족들이 얼마나 빡쳐 있었을지는
다른 시대, 다른 나라 사람이라도
대충 느낌이 올 것이외다!!

불평 사족들은
분노에 차 있다!!

우리가 막부 타도하고
새 세상 만드는 데
협조한 대가가
이딴 취급이냐?!

누가 봐도 뭔가 터질 게
뻔한 상황!!

질록처분이 발표되자마자 바로 불평 사족의
반란이 터져 나오기 시작했으니—

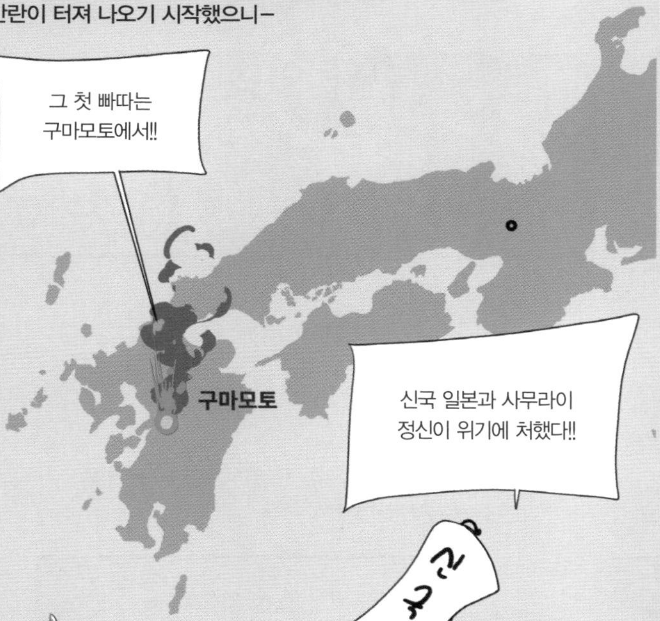

구마모토의 경신당은
국학과 신도에 너무 깊이 빠진
일종의 일뽕 컬트 광신도 불평 사족들로,
정부의 사족 처우와 서양화 정책 등에 불만을 품은 자들.

1876년 10월 24일 자정, 구마모토 시내 전역에서 170여 명의 경신당 무리가 봉기.

이들은 구마모토의 주요 인사들 저택을 급습, 구마모토 진대 사령관 타네다 마사아키와 진대 장교들을 살해.

구마모토 현령 야스오카 료스케도 살해.

하지만 다음 날 아침,
습격을 면한 구마모토 진대 참모
고다마 겐타로가 병력을 규합.

구마모토의
정부 수뇌부가
모조리 당했다!!

고다마 겐타로(24세)
(훗날 러일전쟁 지휘)

하지만 날 살려둔 걸
후회하게 해주마!!!
광신도 놈들을 모조리
쓸어버려라!!!

정규군의 일제 사격으로
경신당을 분쇄.

투당
투당
타다당

경신당원 124명 사망,
정부군 약 60명 사망.

결국 오오타구로 등
경신당 수뇌진들이 할복하며
짧은 반란은 진압된다.

구마모토의 정부 요인들을
싹 다 날려버렸으니
짧지만 굵은 반란이었지!

후쿠오카
아키즈키

하지만 반란의 불씨는 곧바로
옆 동네로 날아가 타오르고.

경신당의 난 이틀 후인 10월 27일,
후쿠오카현 아키즈키에서도
사족 반란 발발!

우워어어!!
사족 반란 웨이브
시작인갑다!!!

하지만 아키즈키의 난은
후쿠오카에 주둔 중이던 14연대의 대응으로
신속하게 진압당한다.

소식을 전해 듣고
미리 준비해 놨지!!

투당
투탕
타다당

14연대장 노기 마레스케(27세)
(훗날 러일전쟁 지휘)

028

…누가 뛸 때,
망둥이도 뛰면
안 되는 거구나;

정부 측 사망 5명,
반란군 사망 17명.

10월 31일, 수뇌부 할복.

······

뭐, 당연히 사족 반란
웨이브가 있을 거라는 건
예상했지요.

그리고
그 클라이맥스는 저런
조무래기 반란들과는
격이 다르겠지요.

그 전에
먼저 치러야 할 빚.

다음 반란은
쇼가손주쿠입니다….

굽씨의 오만잡상

메이지 시대. 일본도는 이미 무기로서의 실용성을 잃은 지 오래고, 폐도령에 따라 의관의 기능까지 잃게 됩니다. 이에 오랜 역사와 전통의 일본 검술도 맥이 끊길 위기에 처하게 되지요. 실전에서도 사용할 일이 없고, 의례에서도 퇴출당했으니, 이제 누가 일본도를 들고 검술을 연마하겠습니까. 그리하여 많은 검술 도장이 문을 닫고 여러 유파의 맥이 끊기게 됩니다.

이 와중에 실업자가 된 옛 막부 강무소의 검술 사범이었던 사카키바라 켄키치榊原鍵吉는 검술의 활로를 모색, 새로운 엔터테인먼트를 기획합니다. 1873년 사카키바라는 스모 대회를 참조, 여러 검도인을 불러 모아 도쿄 아사쿠사의 강변에서 토너먼트 형식의 검술 대회를 여는데, 많은 유료 관객을 끌어모으며 흥행에 성공합니다. 이는 '격검흥행擊劍興行'이라는 새로운 구경거리가 되어 전국 각지로 퍼져나갑니다. 하지만 격검흥행은 지역마다 다른 난해한 로컬 룰과 비직관적이고 중구난방인 득점 및 승부 방식으로 곧 서민들의 관심을 잃게 되지요. 일부 격검흥행사가 프로레슬링 비스름하게 판타스틱하고 황당무계한 비기, 또는 필살기의 이름을 외치며 '쇼'를 벌여 품격마저 잃게 됩니다(솔직히 이쪽이 현대 검도보다 더 재미있을 것 같지만).

이렇게 격검흥행으로 간신히 명줄을 부지한 일본 검술은 서남전쟁을 거치며 가치를 재조명받게 됩니다. 경시청 소속 검도 도장들이 문을 열고 명망 있는 검사들을 사범으로 모십니다. 이윽고 검도는 '화혼양재和魂洋才'의 화혼을 상징하는 정신 수련의 가치를 부여받고, 그렇게 유신의 시련을 이겨낸 일본 검술은 현대 검도로 이어지게 되었다고 합니다.

제 2 장

하기의 난

조슈 번사 마에바라 잇세이는
쇼카손주쿠의 동기 중
최연장자.

마에바라 잇세이
(1834년생)

쇼인 선생 밑에서 직접 수강한 건 열흘 정도.
사실 쇼카손주쿠 멤버 대부분이
쇼인 선생에게 직강을 들은 기간은 몇 주,
많아야 수개월이죠.

일찌기 쇼인이 마에바라를 평하기를—

마에바라는 재능으로는
구사카 겐즈이만 못하고,

지식으로는
다카스기 신사쿠만 못하지만,

인간됨으로는
그 둘보다 낫다.

생활기록부에
쓸 말 없을 때
적당히 써주는
멘트군요. ㅎ

어휴,
다 잘 살아보자고
하는 전쟁인데
굶어 죽지 맙시다.

쇼인의 평가처럼
마에바라는 인의를 중시해,
무진전쟁 당시 군을 이끌며
적인 아이즈군에게도
구휼하는 인정을 베풀었다고.

꺼흙,
아리가또;

징병제!
징병제를
실시해라!!

오무라 마스지로가 죽은 이후에는
병부대보직을 이어받고, 또한 참의로서
정권의 주요 멤버로 자리한다.

어휴,
징병제를 대체
누가 좋아하겠어요;

전문 군인 자리 뺏기는
사무라이들도 싫어하고,
군대 끌려가는 농민들도
싫어하는 징병제를 대체
왜 해야 한단 말인가?!

마에바라는
징병제 반대 입장에 서서
야마가타와 대립.

아오, 그런 봉건적 군사 체제를
갈아엎고 국민군 시스템으로
근대국가가 되어야 한다고요!

그 와중에 조슈 기병대 해산이 결정되어
대원들이 소요를 일으키고.

1870년 2월, **기병대 탈대 소동!**

하지만 기도는
기병대 소요를 무자비하게 진압,
주모자 93명을 처형한다.

결국 징병제 갈등과 기병대 소요 진압에
항의하는 뜻에서 1870년 9월, 마에바라는
모든 관직을 사직하고 조슈로 귀향.

조슈의 옛 수도 하기에는 여전히 쇼카손주쿠가 남아 있고.

아아~ 막 말에는 팔 잘리면 대충 호치키스로 찝고 계속 싸우고 그랬지.

오오, 레알 막 말 유신지사 썰!!!

신선조는 진짜 게이들인가요?

유신 거물이자 쇼카손주쿠의 大OB인 마에바라는 지역 사회에 큰 영향력을 가졌고.

외국에 저리 굽실거리는 게 무슨 존왕양이란 말이더냐?!

오오!! 거물의 정론!!

높은 자리에 오른 동지들은 초심을 잃은 것 같애!

이는 조슈 유신지사 이너서클에서 밀려난 지역 사족들의 불평불만과 만나 점차 불온한 기운을 형성하게 된다.

으음;; 마에바라를 조슈로 내려보낸 건 실수였다;;;

이에 기도는 여러 차례 마에바라를
정부로 불러들이고자 노력했지만.

일설에 따르면―
누군가 마에바라에게
은밀히 밀서를 전달하고.

사이고 님의
밀서입니다요~

윙?

오오!! 가고시마의 사이고가
뜻을 합해 거병에 나서자는
제안을!!

2차 삿초동맹인가!!!
천하를 다시 한번 엎을 기회가!!!

마에바라의 열렬한 반응은
도쿄에 그대로 전해지는데.

어이쿠! 그럴 줄 알았다!!
저 아저씨 뱃속에 역심
만땅이구먼!!!

마에바라는 사이고에게
답장을 보냈다가―

자, 사이고 님,
거병 날짜는 언제가
좋을는지….

윙? 뭔 소리예요?
이상한 소리 마시고
복어포나 보내주세요.

크앗!!! 그 밀서는 정부의 낚시였구나!!!

파닥파닥이다!!! 파닥파닥!!!!!

기왕 이렇게 된 거 규슈의 사족 반란 웨이브를 타고 조슈도 봉기한다!!!

천황께 간신 모리배들의 작태를 직소하고 나라를 바로잡겠다!!!

순국군 거병!!!

1876년 10월 28일, 조슈 하기 명륜관에서 순국군 200여 명 거병.

쇼카손주쿠 학생들이 많이 참여했지요.

모인 인원이 1,500명에 달했다는 설도 있다.

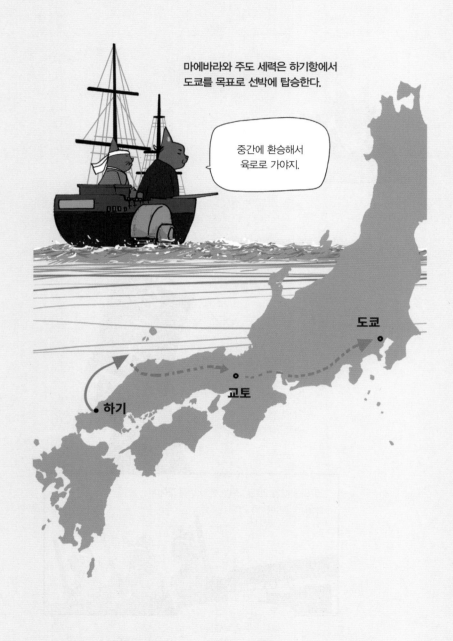

하기에서 현령이 군을 동원해 우리 가족들을 다 인질로 잡아들이고 있다는데!

헉;;

막 고문하고 죽이고 그런다는데!!

하지만 하기에서 얼마 가지 않아 악천후로 잠시 피항한 에자키에서 하기 쪽 소식을 듣게 되니―

이에 순국군은 곧바로 하기로 되돌아왔고.

헛소문으로 밝혀졌지만 일단 10월 31일, 순국군은 현청으로 진격해 현령을 쫓아낸다.

이렇게 된 거, 하기를 거점 삼아 항거하자!!

야마구치(조슈) 현령 세키구치 다카요시

아오, 갔다가 왜 돌아오는거;;

우리 병력이 하기에서 정부군의 어그로를 끄는 동안,

하지만 마에바라는 수뇌진 5명과 함께 다시 배에 올라 도쿄行을 계속 도모한다.

잽싸게 도쿄로 올라가서 천황께 직소장을 올린다!

반군 진압을 위해 11월
히로사미 진대 병력 등이 하기로 진군.

조슈를 치러 가는 군대는 언제나
히로시마에서 출발하는구먼.

히로시마 진대 사령관 미우라 고로(29세)
(기병대 출신으로 훗날 조선 공사行)

후쿠오카의 14연대에도 출동 명령이 내려졌지만,

노기 마레스케의 친동생이
순국군에 가담하는 등
친지, 지인들이
많이 엮여 있는 상황.

아, 형님!
정부의 개 노릇
하지 말고 우리
순국군에 합류하라고!

으음;;;

14연대장 노기 마레스케

저놈, 저거, 반란에 동조하고 있던 거 아냐!?

결국 14연대는 1개 소대만을 보냈기에 이 문제로 노기는 상부의 추궁을 받게 되기도.

어휴, 반군 가담한 친동생이 결국 전사했다는데, 좀 불쌍히 넘어가 줍시다.

11월 5일, 하기에 도착한 정부군은 순국군과 하기 시내 한가운데의 하시모토 다리를 사이에 두고 치열한 격전을 벌인다.

투당 투탕 타다당

고작 이 정도냐?! 더 센 거 없냐?!

11월 6일, 군함 모슌이 하기항에 들어와 반군 진영을 향해 함포 사격 개시.

두슝 BOOM

크윽! 죄송합니다!! 국가는 정말 강하군요;;

포화로
하기 시내 가옥들이 불타며
민심은 불만 가득.

아니, 미친 사족 놈들이
뭔 시내 한가운데에서
역적질한다고 이리
불바다를 만들어 놓는계!!

결국 11월 6일,
반군은 77명의 사상자와
100여 명의 포로를 내며
와해된다.

서당에서 책 보던 거랑
실전은 다르구나;;

그렇게 하기의 난은 일단락된다.

배를 타고 가던 마에바라 일행은
악천후로 시마네현 이즈모시에서 하선.

이 계절 동해 바다는
왜 이리 깡패 같누;;

이즈모

하기

그곳에서 마에바라 일행은
시마네현 관헌들에게 체포된다.

아, 사토 님, 저희 도쿄로 가서
천황을 뵙게 해주십시오!!
재판을 받더라도 도쿄에서!!

아, 그리
알아보겠네.

친분이 있던 시마네 현령 사토 노부히로에게
도쿄行을 청원하지만,

결국 하기로 회송된다.

한편 같은 시기, 도쿄에서는
마에바라와 친분이 있던
반정부 언론인 나가오카 히사시게
(舊 아이즈 번사)가—

뭣이라?! 마에바라 씨가
봉기했다고?!!

10월 29일, 하기의 난에 호응하기 위해 치바 현청 습격을 계획.
15명의 舊 아이즈 번사가 도쿄 시안바시에서
경찰과 충돌해 경관 2명을 살해한다.

치바를 접수하고
아이즈로 가서
아이즈 와카마쓰를
재건한다!!

끄익!!!

시안바시 사건

결국 이들은 체포되어
나가오카는 옥사하고,
주범 3명이 처형당한다.

어휴, 아이즈 사람들,
처신 잘해야 되는데
말이죠.

한편 하기로 압송된 마에바라 일당은
12월 3일, 빠른 재판 끝에 사형 선고.

후; 이게 참
제 뜻이 아닙니다;;

○○,
이해합니다.

판사 이와무라 미치토시와
내무소보 시나가와 야지로 모두
마에바라와 친분이 있는 사람들이었다.

쇼인 선생이 죽은 방식
그대로라니 영광이로세.

선고 당일 주모자 8명 모두 처형이 집행된다.

역적5!

처형 전에 마에바라 선생 유묵을
받으려는 사람들로 인산인해를
이루었지.

쇼카손주쿠 학생 다수와
요시다 쇼인 가문
사람들이 반란에 연루된 데
책임지고 쇼카손주쿠 교장
다마키 분노신이 할복.

후, 쇼카손주쿠 출신 중
끝이 좋은 인간이
별로 없으니 저주받은
학교로구나….

그리하여 쇼카손주쿠는 폐교에 이르게 된다.

CLOSED

얼마 후 잠깐 재OPEN
하기도 하지만….

……

조슈의 잔불.
요시다 쇼인의
후학들이 결국
이리 정리되나….

크어….

기도의 병세는
급격히 악화.

조슈가 이리 유신의 잔금을
피로 정산했으니!!!
이제 다음 타자는 사쓰마겠지요?!
으의?!!!

······

…고작 그 정도로 앙앙대지 마시오.

사쓰마는 차원이 다른
핏값을 치러줄 터이니….

굽씨의 오만잡상

오늘날 쇼카손주쿠는 마치 메이지 유신— 일본제국 탄생의 인큐베이터처럼 종종 대단하게 이야기됩니다. 하지만 사실 쇼카손주쿠는 그냥 작은 동네 서당일 뿐이고, 요시다 쇼인이 거기서 제자들을 가르친 기간도 얼마 되지 않습니다. 조슈의 유신지사 중 이름 있는 인사들이 쇼카손주쿠에서 쇼인에게 사사한 기간도 길어야 몇 개월에서 짧으면 몇 주에 지나지 않지요. 그러니 유신이 성공하고 그들이 정부의 높은 자리에 앉았다 한들 딱히 어떤 지원이라든가 띄워주기 같은 것이 있을 리 없고, 쇼카손주쿠는 그냥 계속 작은 서당인 채로 남습니다. 오히려 조슈에서 하기의 난이 일어나 쇼카손주쿠 학생 다수가 연루되면서 쇼카손주쿠는 문을 닫고, 이후 쇼인의 형이 맡아 운영하다가 결국 1892년 완전히 폐교하게 됩니다. 그런 쇼카손주쿠가 메이지 유신의 주요 사적지로 지정된 것은 아무래도 이토와 야마가라 등 조슈벌 권력자들의 자기 미화 때문이겠지요. 일본제국 후반기에 조슈벌이 쇼와 신군부에게 몰락당하면서 옛 조슈—야마구치현의 위상도 하락합니다. 그래도 변방 시골 마을치고는 일본 우익 정치의 본가라는 위상을 계속 견지하는 야마구치현. 그곳 사람들은 메이지 유신의 주인공이었던 시절을 자랑스러워하며 남은 추억거리들을 열심히 가꿉니다. 야마구치현의 정치인인 아베 신조安倍晋三 전 총리도 가장 존경하는 위인으로 쇼인을 꼽으며 쇼카손주쿠 성역화에 힘을 보태지요. 그리하여 쇼카손주쿠는 2015년 '메이지 일본의 산업혁명 유산'의 일부로 유네스코 세계 유산에 등재됩니다. 이 '메이지 일본의 산업혁명 유산'이라는 주제는 비서구권 미未근대 국가의 빠르고 성공적인 서구화·근대화를 기리는 것이지요. 그러다 보니 그 목록에 함께 오른 '군함도'는 조선 노동자를 착취한 것으로 꽤 문제가 되기도 합니다. 이는 결국 서구화·근대화에는 쇼카손주쿠 문하생들이 공유한 확장주의 사상과 군함도에서 드러난 식민지인 착취가 당연히 수반됨을 보여주는 사례라 하겠습니다.

제 3 장

반란전야

1873년 10월, 정한론파가 패배한
메이지 6년의 정변.

사이고와 도사,
사가 세력 실각.

사이고 님이 사쓰마로 낙향할 때,
600여 명의 사쓰마 출신 정부 관리와
장교가 사직하고 따랐지요.

이와쿠라 사절단 일원이었던
궁내대승 무라타 신파치가
사직하고 사이고와
함께 내려간 건
꽤 큰 타격이었다;;

前 규수 진대 사령관
나카무라 한지로

前 궁내대승
무라타 신파치

이뿐 아니라
근위대 사령관 시노하라 쿠니모토가
사이고를 따라 사직하면서 근위대
병력 절반 가까이가 함께 사직.
3천 명 규모의 병력이 반토막 남;;
ㄷㄷㄷ

**前 근위대 사령관
시노하라 쿠니모토**

근위대는 징집병이 아닌
사족 출신들로 채워져 있다가,
이 사태 탓에 징집병으로
병력을 충원하게 되었지요.

가고시마로 귀향한 사이고를
사쓰마인들은 열렬히 환영.

유신의
진주인공
사이고 선생!!

사이고
최고!

이에 반비례해 사쓰마에서
오쿠보의 평판은
급전직하.

조슈 놈들 비위 맞추려고
사이고 선생을 쫓아낸
비열한 오쿠보.

사족들을
갈아버리려는
배신자 오쿠보.

식단 관리하시고 몸 좀 움직이세요.

귀향한 사이고는 닥터 호프만의 처방을 받아들여 열댓 마리의 개를 데리고 산으로 들로 사냥 다니며 소일한다.

(※식단 관리 안 함.)

과연 웰빙이 답이로구나~

우월 우월

댕댕 댕댕

물론 놀기만 한 건 아니고, 지역 사회 발전을 위해 사학교 건립과 운영에 발 벗고 나섰습니다.

1874년, 사학교 설립.

학교 이름이 문자 그대로 '사학교'(私学校)지요.

전쟁은 정치의 연장이다!

사학교는 외국인 교수를 초빙하는 등 커리큘럼이 매우 우수했고.

역시 연장으로 담구는 게 전쟁이군요.

시노하라가 보병학교를,

무라타가 포병학교와 유년학교를 담당.

저 양반들보다 학문이 얕은 이 몸은 개간사를 맡아 농토 개간, 새마을운동을 지도합니다.

나카무라 한지로

막 말 네임드 검객이었던 나카무라 씨는 농기구도 비범하게 다루시지요.

사학교는 가고시마현(사쓰마)
곳곳에 분교를 두게 되고—

사쓰마!
사이고!
사학교!
사이다!

곧 사학교 관계자와 학생 커뮤니티가 가고시마현 전체를
주무르는 최대 세력이 되었으니 이를 '사학교당'이라 한다.

가고시마 현령 오오야마 츠나요시도
사이고 라인으로, 가고시마 현청은
사학교 출신들을 현 관리로 적극적으로 임용한다.

자네는 군수 하고,
자네는 면장 하고~

가고시마 현령
오오야마 츠나요시

이에 따라 현의 행정과 치안 요직도
모두 사학교당이 장악.

작은 지역 사회라는 게
다 이런 거죠.

이는 당연히 도쿄의 크나큰 의심과 경계를 사게 되고.

사이고가
사학교로
사쓰마를
사유화하는가;;

점점 선 넘는 거
같지 않소이까?

과연 사태는 점점 선을 넘어, 가고시마 현청은
국세를 중앙정부로 올려 보내지 않기 시작.

어휴,
현 사업으로 사학교 분교들 짓고
식산흥업 하느라 다 써서
올려 보낼 돈이 없네요;;

아니; 아니;; 아니;;; 현청이
국세를 멋대로 쓰면 안 되지;;

더군다나 폐도령이 내려진 이후에도 가고시마현의
사족들은 여전히 칼을 차고 다니며, 아무런 규제도 받지 않았다.

사쓰마 사족의 숫자는
가고시마현 인구
122만 명의 26%인
31만여 명!

이 일본 최대 지역의 사족 집단이
정부의 사족 지우기 정책에
불복을 선언한 것이다!

거, 사학교 출신들
다 자르시고, 세금
제대로 상납하시고.

폐도령도 제대로
실시하시고!

아, 뭐
노력해 봅죠….

1876년 7월,
중앙정부는
현령 오오야마를
도쿄로 불러
현정 정상화를 주문.

하지만 이어진 사족 반란 웨이브를 구실로—

어휴, 사족들이 저리 열 받아서
난을 일으키는데, 정부 지시 사항
다 따르다가는 여기 사족들도
뭔 일 저지를지 몰라요~

하;;

정부 지시 사항 쌈처리.

사실 근래 연이어 발발한 사족 반란은 모두
사쓰마를, 사이고를 바라보며 일어난 것들.

사이고가
거병한다면!

능히 천하를
엎을 수 있을 것!

그러니까
제발 호응 좀!!

하지만 사이고는 바로 코앞, 규슈와 조슈에서
벌어진 반란들에 호응하지 않았다.

어휴, 나 몸도 안 좋은데
왜 자꾸 부르고 그러시나들;;

사이고가 움직이지 않는 건,
여전히 오쿠보를
친구로 여기기 때문인가?

뭐, 좀 틀어졌어도
한 번 친구는
영원한 친구 아이가!

─라기에는, 가고시마로 내려온 사이고가 오쿠보를 늘상 대차게 씹어댔다는 증언이 있습죠.

아오, 저 배신자 섀퀴! 친구도 고향도 다 통수 치는 싸패 섀퀴!

인간관계를 떠나, 사이고가 딱히 정부 시책에 크게 반발하는 부분은 많지 않았을 수도.

징병제 추진하는 야마가타를 계속 밀어주기도 했고.

조선이든 대만이든 대외 원정은 다 반대해 왔고….

인간관계나 정치적 이해만으로는 딱 단정 지을 수 없이 복잡하게 엉킨 마음이 있었을 것이고.

그냥 몸도 안 좋고 만사가 귀찮은 무기력증 때문이었을 수도 있죠.

사이고의 속마음이 어떻든 간에 도쿄에서는 이미
사쓰마에서의 반란을 거의 기정사실화하고 있었다.

사쓰마가 완전히
반독립 사이고 왕국이
되어부렀으니, 저게 암전히
처리될 일은 없겠지…

가고시마성에 있는
그쪽 국부님에게
도움을 청하는 건 어떨는지?
고위 사족 가문들에 영향력이
여전하실 텐데.

뭐, 국부님의 영향력
유효 여하를 떠나서―

1875년의 산조 탄핵 소동 때(10권 14장)
국부님이 결국 좌대신 사직하고
물러나셨는지라, 그걸 가지고 아직
나한테 많이 삐져 있으실 게요…

사이고도 싫지만,
저 음흉한 오쿠보 놈은
더 재수 없다!

어디, 친구끼리 서로
엿 먹여보라지.

정치적 해법이 요원하다면,
정부의 공권력으로 가능한
수단들을 펼쳐봐야지요!

철저한 감시와
선제적 사전 조치!

**경시총감
카와지 토시요시**

1876년 말, 경시청은 사쓰마 출신 경관 24명을
귀향으로 위장시켜 가고시마로 내려보낸다.

언더커버 미션!

임무는 사학교당
감시와 정보 수집.

그리고 가능하다면
이간질, 정치 공작.

한편, 가고시마에는 국가적으로
중요한 전략 설비가 있었으니.

사쓰마 사족들이 돈 모아서
영국에서 수입한 스나이더 총의
탄약 제조 설비가 있지요.

금속 탄피 탄약을 대량으로 찍어낼 수 있는
설비를 당시 전국에서 가고시마가
유일하게 보유하고 있었던 것.

종이 탄피에서 금속 탄피로
넘어가면서 비로소 소총의
기계적 깔끔성이 완성!

이 설비가 있는 한 정부가
사쓰마를 업신여기지 못할 것.

이에 1877년 1월 29일,
정부 수송선 세키류마루가
비밀리에 가고시마에 입항.

샤샤삭~

무기 제조 설비는 원칙적으로 다 정부 소유라 할 수 있죠.

배에서 내린 정부군 병사들이 가고시마 조병창의 탄약 제조 설비를 반출.

야, 이 도둑놈들아!!

탄약 상자 400개까지 함께 배에 싣고 오사카로 날라버린다.

크왁!!! 우리가 뼈 빠지게 모은 돈으로 구입한 설비를 정부가 이리 강탈해 가다니?!!

이에 사쓰마 사족들의 분노가 극에 달하고.

계속 눈 뜨고 당하지 않으려면 결국 대비해야겠지!!!

1877년 2월, 사학교당은
가고시마현 내 모든 무기고를 털어
무기와 탄약을 사학교당 관할 시설로 옮긴다.

정부 놈들이
먼저 시비
털었으니!!

탄약 제조 설비를
뺏겼으니 최대한 많이
쟁여놔야 해!

그리고 2월 3일,
경시청의 위장 요원들이 사학교당원들에게 체포당한다.

당신 프락치지?!!

아, 아니요;;
선량한 시민입니다;;

벤트 타는 거
내가 봤구먼!

손톱 뽑기 등의
가혹한 고문이 행해지고─

#$%뼈@#$%!@#$$%!@!!

이게 사쓰마식
네일 아트다!!

경시청 요원 나카하라 나오오가 결국 자백하기를—

…ㅇㅇ, 경시총감에게서
사이고 암살의 지령을
받고 내려왔소이다….

(고문으로 강요된 거짓 자백이었다는 설이 우세.)

경찰 프락치가
자백했다!!!

정부에서 사이고 선생
암살하려고 자객들을
내려보냈다!!!!

이에 교외에서 사냥 중이던 사이고를
사학교당원들이 급히 시내로 모셔오고.

자객이 있습니다!!
얼른 돌아가셔야 합니다!

VIP를
확보했다.

으어;;

1877년 2월 5일, 가고시마 사학교 본교에서
사학교당 지도부 총회가 열린다.

나카무라 한지로의 단언으로 결국 무력 봉기 결정.

제 4 장

서남전쟁 발발

1877년 2월 6일부터 사쓰마 사족 병력 소집이 시작되어
2월 14일까지 6개 대대 1만 2천 병력이 모인다.

200명이 1개 소대,
10소대가 1개 대대.

이처럼 조직적인
병력 동원은 사학교당이
평소에 이미 거병 준비를
다 마쳐놓고 있었다는 의미죠.

진공 루트로는 다소 비현실적인 3로 병진안과

나가사키를 급습해 배를 빼앗아
1로! 도쿄로!
2로! 교토로!
3로! 나머지는 육로로
규슈 전체를 제압!

가고시마현 경찰 총수 노무라 오시스케

크게 다르지 않은 2로 병진안이 있었는데−

나가사키를 급습해 배를 빼앗아
1로! 도쿄로!
2로! 교토로!!

사이고 막냇동생 사이고 코헤에

해군이 우글거리는
나가사키를 급습? 배를 뺏어??
O피스를 너무 많이 본 건가.

前 외무성 대륙 정보원
이케노우에 시로

병진안은 진짜
병진안이네요~

일단 규슈의 중심지인
구마모토를 점령하고
그동안 나머지 주력으로
혼슈 진공을 노리는 게
그나마 현실적임.

결국 가장 현실적인 규슈 제압,
육로 진공안 채택.

이에 따라 2월 15일, 사쓰마군 출진.

오쿠보와 간신들 토벌을 위한 거사라는 팸플릿도 전국 각지로 발송합니다!

한편, 해군대승 가와무라 스미요시가 사태 파악을 위해 가고시마에 입항.

나가사키로
급히 귀항한 가와무라는
전보로 도쿄에
긴급 사태 보고.

사이고 형님이 사쓰마 전체를
들고 거병했습니다!!
가고시마 현청도 몽땅 다
사이고 편입니다!!

· · · · ·
사이고가 결국…!!!!!

귀찮아서
안 움직일 줄
알았건만….

그래, 내가 사쓰마로 가서
사이고랑 대화로 풀 수 있다!!
사나이들의 우정으로 다
해결된다!!

아이고;
지금 사쓰마로 가면
바로 끔살당합니다요;

…쇼하고 있네….

어쩔 수 없이 힘으로 정부의
위엄을 보여야 하는가!!
반란 토벌!!
정토군 출진!!

관군의 위엄을 보이기 위해
아리스가와노미야 다루히토 친왕을
정토군 사령관으로.

실질적 지휘관은 육군 담당
부사령관 야마가타 아리토모.

해군 담당 부사령관
가와무라 스미요시.

그리고 관서 지방 순행 중이신
폐하를 신속히
도쿄로 귀환시킬 것!

사쓰마 특작 부대의
천황 납치각 날카롭다!!

아니, 그냥 짐이
사이고, 오쿠보
둘 다 불러다가 화해시키면
되는 거 아닌가?;;

그리고 사쓰마 국부님의
거취를 놓고—

국부님! 얍삽이 오쿠보
목을 금방 따 오겠으니,
서남인들의 안정을 위해
가고시마성에
그대로 머물러 주십사~

아이고, 국부님.
미친 돼지가 결국
난을 싸질렀으니 안전하게
도쿄로 오시지요~

· · · · ·

히사미쓰는 어느 편도 들어주지 않고
사쿠라지마의 별장으로 떠난다.

하, 저 두 놈 때문에
사쓰마가 쫄딱
망할 거라는 건 내
진작에 알았지.

그 둘을 등용한 건
국부님이셨는데 말이죠~

사쓰마군의 거병 소식은 구마모토 진대에 신속히 전해지고.

13 연대장 | **구마모토 진대** | **참모장** | **참모**
요쿠라 토모자네 | **사령관** | 가바야마 | 고다마
 | 타니 타테키 | 스게노리 | 겐타로

2월 19일, 화재로 구마모토성 천수각 전소.

그 와중에 사쓰마군의 선봉 벳푸 신스케가 이끄는
독립 대대 1,600명이 구마모토에 도착.

헐ㅋ; 전투 시작도 전에
성이 훨훨 타는 걸 보니
뭐, 그냥 꽁승인가 봄. ㅎㅎ

여기에 구마모토 불평 사족
2,300명이 사쓰마군에 호응해 합류.

호응 굿입니다~

근데 저 난공불락
구마모토성을 공략할
방안은 있으신지요?

아, 뭐 구마모토 진대는
지난 경신당의 난 때, 광신도들한테도
순식간에 털려 와해되었던
오합지졸들 아닙니까?!

우리 군에 공순하지 않고
맞서겠다면 싸울 뿐이죠!

…예감이 안 좋다….

2월 20일, 사쓰마군의 척후와 구마모토 진대의 정찰대가 성 밖에서
소규모 교전을 벌임으로써 서남전쟁의 첫 총성이 울린다.

투당
투탕
타다당

항복할 생각
없는갑네. ㅉㅉ

2월 21일, 사쓰마군 본대가 도착해 성 공략을 놓고 작전회의.

시노하라의 주장에 따라
구마모토성 공략 결정.

2월 22일 새벽,
본격적인 공성전이 시작된다.

사쓰마군의 거센 공세를 구마모토 진대병들은 성에 의지해 받아내고.

요소요소에 미리 매설해둔
폭약을 폭파시켜 적의
진로를 분쇄한다.

벳푸군이 치열한 혈전 끝에 다니산 점령에 성공.

구마모토 진대의 포들은 전투 시작 전부터 이미
다니산 정상을 향해 포를 고정 방열해 놓고 있었고.

이에 양측 간 치열한 포격전이 이어지게 된다.

사쓰마군은
포격으로 성내 제압을
이룰 수 없었고.

구마모토 진대 측에서도 포격으로 13연대장 요쿠라 중령이 전사한다.

전투가 계속되는 와중에, 저녁 늦게
사이고군의 후위가 구마모토에 도착.

이날 밤, 다시
작전회의가 열리고.

우리 군 1만 4천이 이제 다 집결했으니,
총공세를 펼치면 어찌 저 중세 구닥다리 성을
후리지 못하겠소이까?!

시노하라는 구마모토성에 대한 공성 지속을 주장하지만—

노무라 오시스케는
공성 중지와 본대 북상을 주장.

되도 않을 헤딩 계속해 봤자
아군의 피해만 커질 뿐이오!

더구나 여기에 발목 잡혀 있을 동안
후쿠오카에서는 이미 정부군이
상륙해 내려오고 있다잖소이까?!

구마모토성은 일단 킵해두고
북상해서 저 정부군을
요격해야 합니다!!

2월 22일, 후쿠오카에 도착한 정부군은 남하를 시작.

제1여단
(도쿄 진대 1연대 3대대,
오사카 진대 8연대 2대대)

제2여단
(근위 1연대 1, 2 대대)

여단장 노즈 시즈오

여단장 미요시 시게오미

그리고 경시총감 가와지가
경시청 경시대(무장경찰)를 직접 이끌고 규수로 향한다.

경위 사이토 하지메

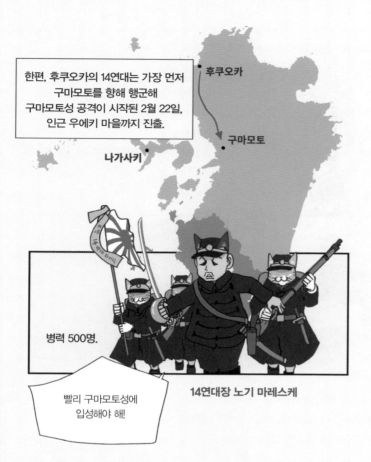

한편, 후쿠오카의 14연대는 가장 먼저
구마모토를 향해 행군해
구마모토성 공격이 시작된 2월 22일,
인근 우에키 마을까지 진출.

후쿠오카

구마모토

나가사키

병력 500명.

빨리 구마모토성에
입성해야 해!

14연대장 노기 마레스케

그리고 우에키 마을에서
사쓰마군 400명을 맞아 교전.

투당
투탕
타다당

큿; 행군이 너무
빡셌던지라
돌격할 여력이 없다;;;

강행군에 지친 14연대는 증원된 적에게 격퇴당해 패주.

이 과정에서 연대기를
사쓰마군에게 탈취당한다.

크하하핫!!
역시 농민병 군대는
수치를 모르는구나!

크아악!!!
연대기를 뺏기다니!!!
이 수치는 할복 외에는
답이 없다!!!

아이고; 연대장님;
일단 상부의 명령을
받으러 갑시다;;

크아아아아아아!!!!
크오오오오오!!!

이 수치심을 안고
살아야만 하는가!!!

드라마 퀸인가;

노기는 이 배덕감을
최후 그날까지
두고두고 울궈먹는다.

제 5 장

서남전쟁의
전개

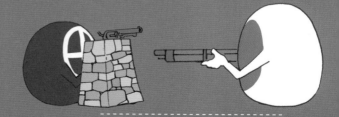

후쿠오카

정토군

나가사키

구마모토

가고시마

1877년 2월 22일,
후쿠오카에 상륙한 정토군 1, 2여단은
후쿠오카-구마모토 가도를 따라 남하.

병력 약 6천.

정토군

기쿠치

나가스

다마나

고노하

다바루자카

사쓰마군

우에키

구마모토성

이에 사쓰마군도 요격을 위해
구마모토 포위 병력을 남겨두고 북상.

무라타군 1천 명.　　시노하라군 1,200명.　　한지로군 600명.

2월 26일,
양측은 기쿠치강을 사이에 두고
다카세에서 마주보게 된다.

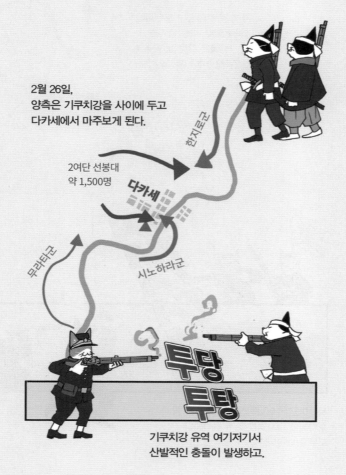

2여단 선봉대
약 1,500명

다카세

한지로군

무라타군

시노하라군

기쿠치강 유역 여기저기서
산발적인 충돌이 발생하고.

투당
투탕

2여단장 미요시 소장이
피격될 정도로 정부군은 한때
수세에 몰렸으나—

으악; 1여단은
뭐 하고 있는거야;

곧 후위 부대들이 증원되어
약 2,500~3천 명 규모의
병력을 갖춘 정부군은
강변의 언덕인 이나리산을 확보.

이나리산

크앗! 저 언덕이
이 전투의
천왕산이다!!

사쓰마군은 이나리산의 정부군을 향해
수차례에 걸쳐 치열하게 돌격하나
모두 실패한다.

오후 무렵,
북북의 1여단이 사쓰마군의
우익을 철퇴시키며 내려오고.

1여단

다카세

이나리산

승세를 잡았다!!
공격!!!

크으;
병력과 화력
모두 열세다;

크아악!!!
사쓰마 무사단의
돌격력이라면
일발역전 가능!!!

사이고 코헤에가 결사대를
이끌고 이나리산을 향해
돌격해 들어갔지만.

다카세

이나리산

으어; 형님~
먼저 갑니다~

사이코 코헤에 피탄,
전사.

뻥

결국 일몰과 함께 사쓰마군이 철수하며
다카세전투는 정부군이 승리.

이것이 관군의
위엄이다!!

크윽;
탄약이 부족해서
물러가는 것뿐이다;;

한편, 2월 27일에는 후쿠오카에 미우라 고로 소장이 이끄는
3여단이 추가 상륙해 내륙 루트로 남하를 시작한다.

후쿠오카
3여단

1, 2여단

구마모토

…이렇게 되었으니, 더 이상 우리 군이 북쪽으로 진격해 올라가는 건 무리고,

이제는 수비해야 할 상황이지요.

기쿠치

나가스 다미나
정토군 고노하
다바루자카
사쓰마군 우에키

구마모토성

그나마 구마모토성의 천수각 화재로 성안에 식량과 탄약이 대거 날아갔으니—

규잉;;

1달 정도 포위를 지속하면 구마모토성은 결국 함락될 것이고.

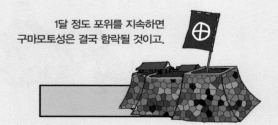

그리 구마모토성을 방패 삼는다면
충분히 정부군에 맞서 오래 싸울 수 있습니다.

규슈의 성은
일본 제일!!

아오;; 여기서
버텨서 뭐 하게?!

그리 몇 개월이든 정부군 주력을
이곳에 잡아놓는다면, 결국 일본 각지에서
사족들이 호응 봉기를 일으킬 것이고,
정부는 이를 진압할 여력이 없어 붕괴할 것!

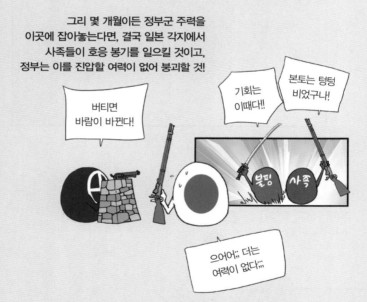

버티면
바람이 바뀐다!

기회는
이때다!!

본토는 텅텅
비었구나!

으어어;; 더는
여력이 없다;;;

이를 위해 일단 구마모토성 포위를
지속하며, 성 공략을 서둘러야 하고.

으어; 구원군
빨리 와줘요;;

정부군이 구마모토성에
도달하지 못하도록
오는 길을 막아야 한다!

반대로 정부군은 구마모토성의
식량과 탄약이 오링 나서
함락당하기 전에 빨리
사쓰마군의 포위를 뚫고
구마모토성에 도달해야 하는 것.

정부군을 막을 장소는
구마모토행 마지막 관문,
다바루자카 고갯길!

기쿠치

나가스   다마나
            고노히
                    다바루자카
정토군   사쓰마군 방어선
                        우에키
        기지치

            구마모토성

산 사이로 난 다바루자카 고갯길,
그 험준한 지형의 양측에 방어 진지를
박고 적을 막아내겠습니다.

다바루자카에서는 방어전이지만,
북쪽 내륙에서는 공세에
나서보겠습니다!

3월 3일, 한지로는 병력 3천을 이끌고 경시대가
있는 난칸 방면으로 공격에 나선다.

으헉;

꽤 진격해
들어갔지만—

나가스

다마나

고노하

다바루자카

우에키

기지치

기쿠치

구마모토성

3월 4일, 다바루자카가 뚫렸다는
소식(오보)에 황급히 철수.

나 없이 싸우면
아무래도 지겠지;;

3월 4일, 정부군이
다바루자카 방면 공세 시작.

1만여 병력이 모였지만
지대가 협소해서
한 번에 전개할 수 있는
병력은 2~3천 정도였죠.

기쿠치

마나

고노하   다바루자카

우에키

기지치

구마모토성

그리고
그 정도로는 사쓰마군의
진지를 뚫을 수 없지!!

불리하다!

투당
투탕
타다당

며칠간 크게 병력을 소모했지만, 결국 정부군은
사쓰마군의 주요 진지들을 뚫지 못한다.

하지만 사쓰마군의 피해도
막대해서 기지치고개를 지키던
시노하라가 정부군의
저격으로 전사.

으어;; 사쓰마군
SSR 지휘관이;;

3월 4일, 다카루자카전투가 시작된 이래
3월 중반까지 봄비가 계속 내린다.

빗속을 뚫고 돌진해 오는 사쓰마 사무라이들의 칼에
정부군 병사들이 순식간에 모랄빵이 나 밀려나는 일이 반복되고.

그리하여
검술에 능한 경관들을 모아
경시청 발도대 발족!

무진전쟁 때
사쓰마군에게 발린 원한이 깊은
옛 아이즈 번사들이
대거 경시청 발도대에 자원,
사쓰마 번사들을 향해
복수의 칼을 날린다.

※한지로는
아이즈번의
항복을 접수한
장본인.

사이토 하지메 등
신센구미 출신들도
발도대로 출전.

10년 전 막부의 개가
지금은 정부의 개냐!!

10년 전 역적은
지금도 역적이구먼!

하, 저 경시대랑
근위대 놈들만 아니었으면
올봄 꽃놀이를
에도에서 벌였을 텐데 말이죠.

(근위대도 옛 무사 출신
직업 군인들로 구성되어 있다.)

그리 정부군의 발도대가 활약을 펼친 끝에
결국 3월 15일, 고갯길의 요충지인
요코히라산 점령에 성공.

기쿠치

나가스

다마나

고노하

다바루자카

요코히라산

우에키

기지치

구마모토성

무사의 복수는 10년이
걸려도 늦지 않다!!

정부군은 요코히라산에 12문의 대포를 올리고
사쓰마군 진지들을 향해 맹포격을 개시.

뚜슝

크앗! 칼과 대포의 제병합동전술!

하루에 1천 발씩 쏟아붓는 포격에 사쓰마군 진지가 줄줄이 터져나가고.

꾸궁

미국 유학 중에 급거 귀국한 무라타 신파치의 장남 무라타 이와쿠마(17세)등 여러 소년병도 다바루자카에서 전사한다.

We are last samurai!!

이게, 사실 다바루자카전투에 투입된 병력을 보면 정부군이 1만 2천 명, 사쓰마군이 6,500명이었다고 하지만,

실제 전투 접면의 병력은 양측 공히 3~4천 명 정도로 비슷했으니 병력 차로 밀리는 건 아니었다.

사쓰마군 보급 총책 카츠라 히사타케

엇비슷~

106

정말로
크게 차이 난 건
대포와 탄약이었지!

으어! 탄약을
물 쓰듯 쓰네;;

정부군 병사들은 하루에
소총탄 30만 발을 소모했으니,
사쓰마군의 5배 정도.

더러운 정부 놈들이
지난번에 사쓰마에서
강탈해간 탄약 제조 설비
덕분이겠지?!

아니; 사실 그 설비는
금방 고장 나서
못 쓰게 되었고요.

중국에서 급히 탄약
배떼기로 사옴.

제해권을 장악한 정부군에게
보급이 밀리는 건 당연한 거고….

게이요….

가고시마에서 구마모토로
물자를 나르던 사쓰마군 수송선
게이요마루도 나포되어서
사쓰마군의 물자난은 더욱 심각.

군자금 100만 엔도 순식간에
오링 나서 뭘 살 돈도 없음.
돈 빌릴 데도 없고.

이 때문에 사쓰마군은 구마모토 현지에서 군표를 발행해 주민들에게서 물자를 징발해 간다.

이런 물자 강탈에 구마모토 주민들의 민심은 진작에 사쓰마군 혐오로 돌아섰고.

정부군은 사쓰마군 은신처를 없앤다고 전투 구역에 속한 마을들에 불을 지르며 돌아다닌다.

근데 정부군 물자가 풍부하다는 건
저 밖의 정토군 이야기지!!

구마모토성에 갇힌
구마모토 진대는 식량도
탄약도 다 떨어져서
풀뿌리 캐 먹고 입으로
총소리 내고 있다!!

불만 안 났어도;

쫄쫄 굶고 있는 구마모토 진대병들의
사기를 떨어뜨리기 위해
사쓰마군은 구마모토 성벽을 향해
주먹밥을 던지며 도발한다.

저것들은 분명히
아귀 지옥에 가겠지.

야, 주먹밥
받아 먹어라!!

어이쿠! 성 밖으로
나와야 먹을 수
있겠네!! ㅎㅎ

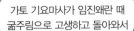

가토 기요마사가 임진왜란 때
굶주림으로 고생하고 돌아와서

구마모토성을 세울 때
비상시를 대비해 다다미를
토란 줄기로 만들었다는데;;

음; 유통기한
지나지 않았을까?

잠깐 위에 좀
다녀올 테니
성 밖으로
나오지 마라.

근데 다행히도 사쓰마 놈들이
다바루자카로 병력을
대거 올려 보내면서
포위망이 좀 느슨해졌다.

남은 병력 6천으로
구마모토성을 물샐틈없이
포위하는 건 무리지.

덕분에 구마모토 진대병들은
비밀 통로들을 지나
몰래 성 밖으로 나가서 조금씩
물자를 들여올 수 있었습니다.

구마모토 시내에서
배달도 시켜 먹고.

110

그리고 가끔식 출성 특공대도 출격시켜
사쓰마군의 군량고를 기습해
식량을 탈취해 오기도.

야,
이 도둑놈들아!

사흘 굶고 성벽
안 넘는 무사가
없다더라!!

뭣보다,
전령들을 보내 정토군과
정보를 주고받고 작전을 협의할 수
있다는 부분이 요긴하지.

정토군 사령부에 1달
지나서 구마모토성에
도달할 경우 아사한
우리 시체들만 보게
될 거라고 전해라.

옙!!

잠깐, 이제 북쪽으로
전령 보낼 필요 없습니다!!!

윙?

빅 뉴스요!!!!

구로다 중장이 이끄는
병력 5천이 나가사키를 출항!

3월 19일,
구마모토 남쪽 야쓰시로에
상륙했답니다!!!

후쿠오카

나가사키

구마모토

구로다 군

야쓰시로

강화도를 다녀오고 영감을 얻은
일본판 인천 상륙작전이지!!!

제 6 장

규슈는 불타고
있는가

사쓰마군이 가고시마에서
출발하고 얼마 후인
1877년 3월 7일, 정부군 함선이
기습적으로 가고시마에 입항.

후쿠오카

나가사키

구마모토

가고시마

중국과의 국교 교섭도
맡았던 엘리트지요!

공경 귀족
야나기와라 사키미츠가
정부의 칙사로
가고시마에 들어온 것.

국부님은 못 만났지만, 그 아들인
前 번주 시마즈 타다요시와 회견하고.

사이고 씨네 일당 좀
진정시켜 주시면
안 될까요;

폐번치현 이후로
번주 어쩌고가 무슨
말빨이 있겠소이까. (퉁명)

교섭은 성과가 없었지만, 일단 가고시마의 무기고를 털고,
감옥에 갇혀 있던 나카하라 나오오 등의 경찰 요원들도 구출해 오고.

고문으로 손톱 다 뽑힌 거
산재 신청될까요?

그리고 놀란 사학교당 사족들이
병력을 모아 공격해 오기 전에
후다닥 가고시마를 뜬다.

가고시마 현령
오오야마 씨도 소환령에
따라 도쿄로 압송합니다.

죄를 추궁당할 텐데
괜찮으시겠어요?

이 백도충들!!
백주대낮에
빈집털이라니!!

내가 직접 도쿄로 올라가
사이고의 대의를
변호하겠소이다!

이리 살핀 결과, 가고시마 상륙작전보다는
구마모토의 사쓰마군 주력을 포위하기 위한 상륙작전이
전략적으로 주효하다는 판단이 내려지고.

무진전쟁 때, 니가타 상륙작전과
훗카이도 상륙작전을 지휘했던
구로다에게 적 주력의 배후를 칠
상륙작전이 맡겨진다.

강화도 상륙도
나름 상륙으로
쳐줄 수 있을 듯~ ㅎ

후쿠오카

우사

사가

구루메

오이타

사세보

분고오노

정토군 주력

나가사키

구마모토

구로다 충배군

야쓰시로

휴가

미나마타

히토요시

이즈미

이사

미야자키

기리시마

미야코노조

가고시마

1877년 3월 19일,
구로다의 충배군 5천이
야쓰시로에 상륙.

쌈 싸 먹으러
북으로 진격!

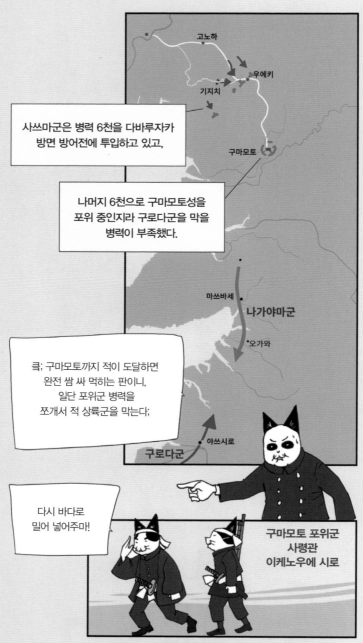

고노하

우에키

기지치

사쓰마군은 병력 6천을 다바루자카
방면 방어전에 투입하고 있고,

구마모토

나머지 6천으로 구마모토성을
포위 중인지라 구로다군을 막을
병력이 부족했다.

마쓰바세

나가야마군

오가와

큭; 구마모토까지 적이 도달하면
완전 쌈 싸 먹히는 판이니,
일단 포위군 병력을
쪼개서 적 상륙군을 막는다;

야쓰시로

구로다군

다시 바다로
밀어 넣어주마!

구마모토 포위군
사령관
이케노우에 시로

상륙군을 막기 위해 나가야마 야이치로가
이끄는 병력 2천이 오가와 방면으로 남하.

그러나 함포 사격 지원을 받는 정부군에게 패배해
3월 26일, 오가와가 함락당한다.

아이고!! 더러운 정부군 놈들이
핵 쓴다!!! 실력대로
싸우면 이길 수 있는데!!

으음;; 적 상륙군 진격을
막으려면…, 강 하구의
둑을 터뜨려 물바다를
만들면 되려나;;

이미 제방 파괴로
구마모토성 수몰 작전
진행 중이니,
거리낄 것 없지;

더러운 사쓰마 놈들이
우리 농지 다 침수시킨다!

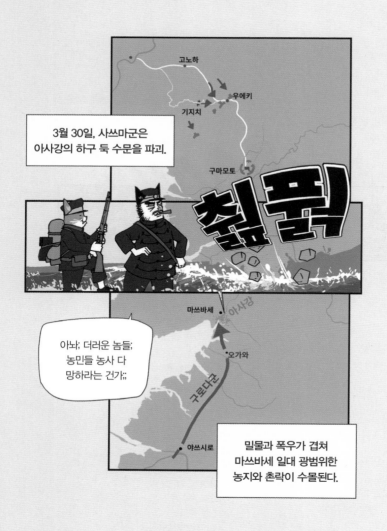

3월 30일, 사쓰마군은 아사강의 하구 둑 수문을 파괴.

아놔; 더러운 놈들; 농민들 농사 다 망하라는 건가;;

밀물과 폭우가 겹쳐 마쓰바세 일대 광범위한 농지와 촌락이 수몰된다.

어쨌건 진흙 뻘밭 물지옥을 뚫고 3월 31일, 정부군이 마쓰바세 점령.

역적 양반들이 사쓰마 사족 이름에 똥칠하고 있네;

아이고, 지역민들 다 난민촌행~

다바루자카 방면에서도 정부군의
공세가 이어져 4월 1일, 반고산 함락.
4월 2일, 기지치고개의 중심지인
기토메가 정부군에게 함락된다.

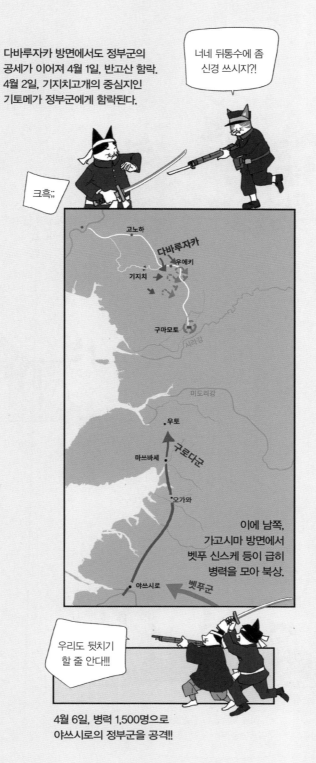

4월 6일, 병력 1,500명으로
야쓰시로의 정부군을 공격!!

But,
정부군은 추가 상륙으로 증원되어
병력이 이미 8천 명이지!

으흙;

4월 8일, 벳푸군은
야쓰시로를 뚫지 못하고
패퇴한다.

4월 12일, 정부군이 미도리강을 건너
시라카와에 이르고.

적을 막지 못하고
계속 패퇴했음에
책임지고 할복합니다.

나가야마 할복, 남부 방면군 붕괴.

사쓰마군 본영은 긴급 회의를 열고─

이대로 구마모토성과 다바루자카에
들러붙어 있다가는 스탈린그라드의
독일군처럼 쌈 싸 먹혀 섬멸당할 판이오!

일단 판을 걷어 전군 동쪽으로 철수하고,
적의 남북군이 집결했을 때
구마모토평원에서 결전을 벌입시다!

4월 14일 새벽, 구마모토성을 포위하던
사쓰마군 총철수.

올킈?!

후, 천수각도 없는 성,
딱히 미련 없다~

고노하

우에키

기지치

사쓰마군 철수

구마모토

미도리강

우토

다바루자카의
사쓰마군도 일제히
동남쪽으로 철수.

4월 14일, 적이 모두 물러간
구마모토성에 정부군 입성.

만세!!!

반자이!!!

50일간의
포위를 견딘 존버!
결국 승리했시다!

또한, 1달 반의 다바루자카전투도
이리 종결되었는데―
여기에서 서남전쟁
전체 사상자의 40%가 나왔을
정도로 참혹한 전장이었다….

그리 고생해 놓고, 정작
구마모토성 입성의 영광은
상륙군이 가져가 버렸지….

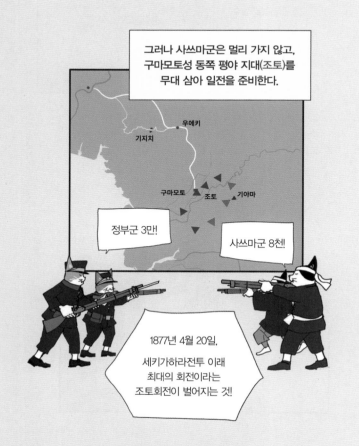

그러나 사쓰마군은 멀리 가지 않고,
구마모토성 동쪽 평야 지대(조토)를
무대 삼아 일전을 준비한다.

우에키

기지치

구마모토   조토   기야마

정부군 3만!

사쓰마군 8천!

1877년 4월 20일,

세키가하라전투 이래
최대의 회전이라는
조토회전이 벌어지는 것!

전투 초반, 사쓰마군 좌익이 크게 진격해,
구마모토성의 정부군 본영 근처까지 육박.

하지만 결국 병력과 화력 차이를 뒤집지 못하고,
사쓰마군 우익이 붕괴.

밤이 되자 사쓰마군이 야음을 틈타 패주하면서
조토회전은 정부군의 승리로 끝난다.

이후, 정부군은 추격을 멈추고 2주간 재정비 시간을 갖는다.

현대전은 보급품 없이는
못 치른다고요!
편제도 뒤죽박죽 엉망이라
재편해야 하고;;

하! 역시 기세를 그냥
흘려보내는 게 전쟁
뉴비로구나!!

이를 틈타 사쓰마군 본영은
산으로 둘러싸인 분지
히토요시에 자리 잡는다.

사가
구루메
오이타

세보

구마모토

나가사키
야쓰시로
사쓰마군
철군로

휴가

마나마타
히토요시

이즈미

이사
미야자키

기리시마
미야코노조

가고시마

그 와중에 4월 27일,
정부군은 가고시마에
본격적인 상륙작전을 감행.

2개 여단 5천여 병력과
후속 지원 병력들이 속속
가고시마로 진입한다.

반군의 본거지만
의외로 쉽게 먹히는군요.

가고시마 신임 현령
이와무라 미치토시

크앗!! 사쓰마 사족 1군이
모두 북쪽으로 갔다고
가고시마가 쉬워 보였냐?!

이에 가고시마에 남아 있던
사족들이 정부군을
향해 반격에 나서고—

어휴;
가고시마가 불바다 되는 건
원치 않습니다만;;

5월 11~24일, 가고시마전투가 벌어지는데
군함 류조의 함포 사격 등으로
사쓰마군은 박살 나 흩어진다.

가고시마는 언제나
함포 사격을 뒤집어쓸
운명의 도시인가?!

히토요시성에 남았던 사쓰마군은
6월 4일, 대포의 위협에 굴복해
정부군에게 항복.

먼지가~ 되어~♬
날아가~야지~?

아, 항복요, 항복!
먼지 안 될 거라고!

사가

구루메

오이타

사세보

분고오노

구마모토

나가사키

사쓰마군 본영은 6월 12일,
미야코노조로 들어간다.

야쓰시로

휴가

마나타

이즈미

히토요시

이사

미야자키

기리시마

미야코노조

가고시마

이곳 미야코노조에서라면
언제든 가고시마 탈환을
꾀할 수 있겠지요.

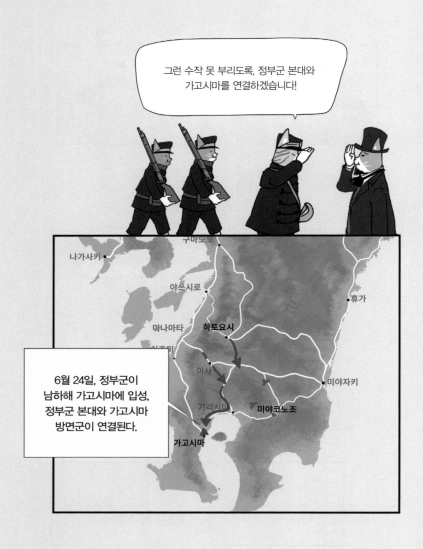

7월 10일, 정부군은 미야코노조를 향해 진공 개시.

투당
투탕
타다당

사세보

자, 또 간다!

분고오노

구마모토

나가사키

야쓰시로

2주간의 격전 끝에
7월 24일, 미야코노조에
정부군 입성.

미나마타

히토요시

이즈미

이사

미야자키

기리시마

미야코노조

가고시마

가고시마 반대 방향으로
도망가고 있잖아?

7월 25일,
사쓰마군 본영은
미야자키로 패주.

132

그리 계속 북쪽으로 도주하다가—

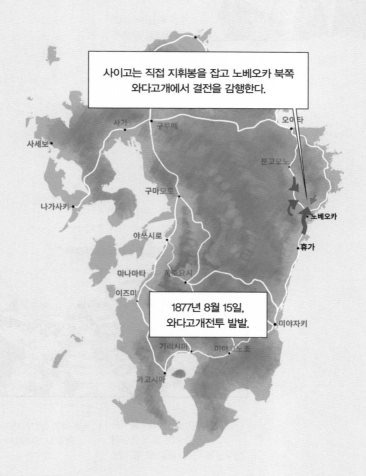

사쓰마군은 3,500명.

정부군 병력이 많다지만,
긴 추격전과 포위 시도로
앞뒤로, 좌우로 가늘고
길게 늘어졌을 것이다!

정부군은 5만 명.

무모 쩌네;;

그 얇은 막을 걷어내고
적의 머리로 돌입해
야마가타의 목을 친다!!

〈라스트 사무라이〉를
너무 많이 보신듯;

이것이 동양의 신비!
사무라이 정신인가!

투당
투탕
타다당

사쓰마군의 발도 돌격은
꽤 깊숙히 찔러 들어와
정부군을 긴장시키기도 했지만.

사무라이 정신이 아니라
총알 다 떨어져서
그런다!!

결국 기적은 일어나지 않고,
사쓰마군은 반나절 만에 대충 다 와해된다.

남은 사쓰마군은 이제 1천 명 남짓.

8월 17일, 에노산에서 기적적으로
적의 포위망을 뚫고 달아나는 데 성공한다.

험준한 규슈 중앙 산지 깊숙히
들어간 사이고 일행.

규슈 중앙 산지

여기서 구마모토가 가까우니 다시 구마모토성을 급습해 보면 어떨까요? 비어 있을 텐데.

항구로 가서 변장하고 배를 타 시코쿠로 간 다음 어찌어찌 도쿄로 가서 천황께 직소를 올립시다!

나가사키로 가서 서양 영사관의 도움을 얻어 미국이나 러시아로 망명하면 어떨까요?

·······

얼마 전에···, 기도 다카요시가 죽었다지···.

그가 내게 남긴 말이 있다더군.

크으윽;;

거, 사이고도 적당히 좀 하지···.

1877년 5월 25일, 기도 다카요시 사망.

…과연 이제 더는 일을 크게 만들지 말고, 적당히 해야 할 것 같다….

이제 끝을 내기 위해 우리 고향으로 돌아가자. 시작과 끝. 수미쌍관.

사가　구루메　오이타
사세보
분고오노
나가사키　구마모토　에노산　규슈 중앙 산지
베오카
야쓰시로　휴가
미나마타　오토요시
이즈미
이사
미야자키
기리시마　미야코노조
가고시마

사이고, 규슈 중앙 산지 돌파 개시!

제 7 장

Saigo
Star!

1877년 8월 하순,
수백 명의 사이고 일당은
험준한 규슈 중앙 산지를
종단해 나간다.

마을도 길도 없는 산속으로만 걸으며,
드문드문 깔린 정부군의 수색선은
완력으로 돌파해 나간다.

그렇게 8월 31일.

저 반군 놈들이
가고시마로 들어가지 못하도록
막아야 하지 않습니까?

아니, 괜히 산속으로 숨게 해서
길고 지루한 숨바꼭질을 이어가는 것보다는
훤히 드러난 가고시마에 들어온 걸
확실히 포위해서 잡는 게 상책이다.

9월 1일, 사이고 일당
가고시마에 입성.

정부군 수비대 200명을 쫓아내고
사학교를 탈환한다.

…함께했던 남주 1만 자제를 전장에 묻고 우리만 이리 돌아왔으니 면목 없습니다….

괜찮아! 괜찮아!

울지 마! 울지 마!

가고시마는 다시 사이고 일당이 장악하지만.

정부군은 기다렸다는 듯이 모든 병력을 가고시마로 총집결해 포위망을 만든다.

정부군 포위망

가고시마

5만 병력으로 가고시마를 에워싼다!!

(규슈에 전개한 정부군 총병력은 7만.)

9월 3일, 사쓰마군이 요네쿠라의 정토군을 기습했다가 단방에 격퇴당한다.

투당 투탕 타다당

이 병력 차이에 선제공격이라니; 역시 사무라이 스피릿!

결국 사이고 일당 372명은 농성을 위해 가고시마 시내를
내려다보는 시로야마에 50일 치 식량을 가지고 올라가 진을 치고.

남산 반도 안 되는
작은 언덕이죠;

이 시로야마를 정부군 5만이
곧 겹겹이 포위한다.

바다에서는
정부군 함선들이
함포를 조준.

포위를 최우선으로 하고,
공격을 차선으로 한다!
여기서 또 도망치면
골치 아파진다!

우와;;;

시로야마 주위를
모조리 울타리와 참호로 둘러싸서
개미 한 마리 못 나가게 한다!

그렇게 시로야마
포위가 시작되고.

9월 19일, 사이고의
구명을 청하는 이들이
정부군 본영을 방문.

예전에
야마가타 님이 횡령 스캔들로
공격받을 때, 사이고 님이
실드 쳐주셨잖습니까.
그 빚을 생각해서라도 부디…

해군 사령관
가와무라 스미요시

육군 사령관
야마가타 아리토모

사이고 형님이 항복한다면
어찌 목숨만은 건지도록
내 노력해 볼 테니까;

옛정을 생각해서라도
사이고 님의 명예로운
최후를 만들어 드리는 것이
도리일 테!!

24일 총공격 이전에
할복하시길 권고드리오!

하, 야마가타가 명예롭게
배 가를 무대를
마련해 준다는 건가.

제깟 놈들에게
내 뱃살 보여줄 성싶으냐!

9월 23일 저녁, 사이고 일당은
최후의 만찬을 갖는다.

먼저 간
동지들을 위하여!

모두 발할라에서
다시 만나자!!

9월 23일 밤, 정부군 군악대는 시로야마를 향해
쇼팽의 〈장송 행진곡〉과 헨델의 〈유다스 마카베우스〉를 연주한다.

군악대장 사이 겐조

그리고 9월 24일 새벽 4시,
정부군의 시로야마 총공격이 시작된다.

사이고 일당의 저항은 간단히 분쇄당하고.

시로야마는
2시간 만에 대충 정리된다.

145 제7장_ Saigo Star!

피신하던 사이고는 정부군에게
사타구니를 피격.

이에 사이고는 죽을 자리를 살핀다.

뒤따른 벳푸 신스케가
가이샤쿠 역을 맡고.

1877년 9월 24일,
사이고 다카모리 할복.

뒤이어 벳푸 신스케도 자결.

이케노우에 시로와
무라타 신파치,
나카무라 한지로도
전사하거나 자결로
사이고를 뒤따른다.

사실 이렇게 될 거라는 건
시작할 때 대충 알았지.

사무라이 혼의 기저에는
자기 파괴적 숙명론이
있지요.

이렇게 사이고군
수뇌부의 궤멸로
1877년 9월 24일 오전,
전투 종료.

반자이!!!!

농민병이
사무라이를
이겼드아!!

정부군의 승리!
서남전쟁은 일본 정부의 승리로 끝났습니다.

이겼돈!! 오늘 저녁은 흑돼지 샤브샤브다!

도쿄

……
이렇게 될 수밖에 없고
결국 이렇게 되어야 했던 것….

사이고라는 최후의 깃발을
잃어버린 사족들은 이제
고학번 화석으로서의 제 위치를
얌전히 받아들이고
사라져 갈 것이다.

ㅃㅃ~ 사무라이~!
이제 내 발목
잡지 말아요!

이로써 일본은 구시대의
모든 주박에서 벗어나
새로운 근대국가로 향한다!

자네가 죽은 자리에서
강력한 제국,
일본이 새로 태어난다!!

…강력한 제국이 되기 전에
일단 통장 잔고부터
채워야 되겠습니다만….
나라가 파산 직전입니다요.

헉;

대장경(기재부 장관) **오쿠마 시게노부**

올해 세수 4,800만 엔 중
4,100만 엔을 서남전쟁
전비로 써버렸습니다;;

그러고 보니
불태환 지폐 종이 쪼가리를
마구 찍어내서 인플레이션이
세게 왔다는데;;

아아, 그건 외국에서
경화 빌려와서
해결할 수 있습니다.

(오쿠마 재정 = 확장 재정,
인플레이션, 외채 만능론)

돈이 든 부분보다
사람 목숨 날아간 부분을
먼저 살펴야 하는 거 아닌감;

정부군은 병력 7만 명을 동원해
그중 6,400여 명이 전사.

반군은 총원 2~3만 명 정도에
그중 6,800여 명이 전사.

저 병력 차에 이 교환비 보면,
결국 사족이 징집병보다
잘 싸우는 거 아니냐?!

서남전쟁에서 정부군은
반군 1명 사살하는 데
총탄 2천 발을 쓴 셈이니,
정부군 병사들
총 너무 못 쏘는 거 아님?!

아니, 뭐;;
현대전은 원래
총탄 분무기 전쟁이죠.

저리 마구 쏴제낀 총탄은
금속 탄피 탄약으로, 거의 다 수입에
의존해야 했지요.

So, 난잡한 소총 무기 체계를
정비하고 탄약도 국내에서 일괄적으로
찍어내기 위해 국산 제식 소총
개발 사업이 추진됩니다.

'무라타 소총'
제작 추진!

무라타 츠네요시(사쓰마 제일의 명사수)

또한 군의 동원, 수송, 편제와 관련해
서남전쟁은 매우 귀중한 경험을 제공.

대병력과 물자를 수송선과 기차로 실어나르는
노하우를 익히게 됩니다.

기차라고 해봤자
도쿄에서 요코하마,
교토에서 오사카 정도지만….

이때 기차역에서 병사들에게 제공한 도시락이 오늘날 일본의 유명한 철도 도시락의 기원이 되었다지요.

전장에서 밥 지을 여유가 없으니 빵을 먹도록.

군의 급양과 관련해서는 빵식을 대규모로 추진하는 경험을 쌓는데─

우엑;;

이 빵이라는 건 너무 퍽퍽해서 병사들 입맛에 전혀 맞지 않았죠;

하지만 특식으로 보급된 단팥빵은 맛이 신세계였습니다!

일본인 입맛에 맞는 촉촉한 식감에 팥소까지 넣은 신제품!

아오; 반란 일으키지 말고 먹방이나 하며 살걸.

전쟁 보도와 관련해서는 각 신문이 저마다 종군기자들을 보내 생생한 현장 기사를 전할 수 있었습니다.

《도쿄 니치니치 신문》의 후쿠치 겐이치로

《호우치 신문》의 이누카이 쓰요시
(훗날의 총리)

발도대의 아이즈 번사들 이야기를 기사로 소개해 널리 알렸지요.

오오, 역시 지략가 구로다! 가문빨이 있어!

기사가 너무 정부 편향적인 듯….

종군기자들이 전보로 실시간 송고하는 기사들은 상세한 전황 지도와 함께 제공되어 전쟁을 시민들의 새로운 화젯거리로 만듭니다.

이때 신문들이 사진 대신 실은 화려한 채색 판화 니시키에가 특히 큰 인기를 끌었지요.

우키요에의 최종 진화판인 니시키에. 서남전쟁 관련 니시키에만 600여 개가 제작되어 신문에도 실리고, 브로마이드로도 불티나게 팔려나갔지요.

그중에서도 가장 인기 좋았던 소재는 여자 무사들이었으니—

錦絵

1천 명의 사쓰마 여군,
창과 총을 든 사이고의 여동생, 딸래미―
같은 이야기들은 당연히 터무니없는 가짜뉴스들이었지만,
사람들은 사쓰마 여군들을 소재로 한 니시키에에
가장 열광했던 것입니다.

하지만 다바루자카의
백마 탄 미소년 병사들
이야기는 팩트지. ㅎ

그런 가짜뉴스 중에 가장 유명한 건
역시 사이고 생존설.

사이고 시체는
가짜였다더라!

사이고의 머리가 약간 늦게
발견되었기 때문에―

사이고는 변장하고 나가사키로
도망친 후 중국을 거쳐
러시아로 망명한 것입니다!

기왕 망명할 거면
미식의 나라
프랑스로 가는 편이…

154

그리고 1877년 중반부터
남쪽 하늘에 뜬 기이하게 큰 붉은 별이 사람들에게
'사이고 별'로 불렸습니다.

심지어 그 별을 망원경으로 관측하면
사이고 얼굴이 보인다는 이야기까지!

사실 그 붉은 별의 정체는
지구에 대접근한
화성이었습니다.

평소 지구와 화성 간 거리는 2억 2,800만km인데,
1877년에는 8,400만km까지 접근했던 것.

이 대접근 덕분에
이탈리아의 천문학자 스키아파렐리는
화성의 줄무늬를 발견했고,

사이고 얼굴이라는 것도
화성의 줄무늬를
보고 하는 소리였겠지요.

미국의 천문학자 아사프 홀은
화성의 위성 포보스와 데이모스를
발견할 수 있었던 것입니다.

알겠어요?! 사이고 별이라는 건
그냥 지구에 접근한 태양계의
다른 행성인 화성일 뿐이라고요!!

헉?!

말인즉슨, 사이고 선생은 결국
러시아가 아닌 지구에 근접한 화성으로
몸을 피하셨다는 것인가?!!

To Mars!

그럴듯한데?!!

Samurai in Mars

사이고는
화성인들과 함께
다시 돌아올 것이다!!

제 8 장

동란기의 끝

서남전쟁 후,
난에 연루된 혐의로
약 5만여 명에 대한
사법 처리가 이루어졌고.

규슈뿐 아니라
일본 각지에서 사이고에
호응하려던 불평 사족이
부지기수였죠.

다시 이런 반란이 재발하지 않도록
전국 각지의 총포류들을 거둬들이고
관의 통제하에 두는 총 사냥을 진행합니다.

아이고 나으리,
총을 다 가져가시면
곰은 어떻게 상대하라고;

이렇게 난리와 정변이
끊이지 않는 난세가 계속될 것.

이러한 정부의
사회 안정화 조치에도 불구하고
민심은 여전히 뒤숭숭한데.

농민 병사들이 죽어갈 때
정부 고관들은 전쟁 특수로
꿀 빠는 부자들과 놀아나고.

실시간 시가 갑니다!!

전쟁 기간 마구 찍어낸 불태환 지폐가 야기한 인플레이션은 서민 경제에 큰 혼란을 불러왔다.

컥, 진짜로 베네수엘라가 되어부렀어;

아니, 아니, 아니. 인플레이션 덕분에 다수 농민은 쌀 가격 상승으로 실질적인 감세 효과를 봤으니 백성에게는 이득이라니까요?!

대장경 오쿠마

그리고 인플레이션으로 경제 성장률 상승!

그 돈이 전쟁 특수를 맞은 산업계로 흘러 들어가 경제를 이끌 대기업 성장!!

과연 서남전쟁 전비 4,150만 엔 중 1,500만 엔을 꿀꺽한 미쓰비시 그룹, 폭발 성장!

미쓰비시 총수 이와사키 야타로

그리고 그 돈 중 일부는 다시 정부 고관들 주머니로.

아니, 이걸 뭐 개인적으로 착복한다기보다는─ 나랏일 하려면 이런저런 용처가 있기 마련이지요;

아무튼 그런고로, 국민에게 정부가 지금 이 시대를 태평성대로, 나라를 부국강병으로 잘 이끌고 있다는 걸 확실히 보여줄 필요가 있다.

공부경 이토

…약간 구라빨이 필요하겠군요….

So, 서양의 EXPO를 본떠, 일본 국내 산업 진흥 박람회를 개최합니다!!

국내 EXPO다!!

Japan EXPO! JEXPO!

아니, 서남전쟁도
아직 완전히 안 끝났고;

콜레라까지 유행하는 마당에
이런 대규모 행사는 좀;;

부글부글

시골 반란 따위 별거 아니라는 걸
과시해야지!!

그리고 콜레라는 수인성 질병임이
밝혀졌으니, 물 끓여 마시면
안전하다!!

1877년 8월 21일, 도쿄 우에노에서
제1회 내국권업박람회 개최.

국민의 산업 활동
기세를 고취시키고.

서구의 앞선 기물 모델들도
소개해 과학기술 분야에 대한
국민 계몽!

2차 산업혁명은
이미 진행 중입니다!!

이 박람회를 봐도 알 수 있듯
현재 일본에서 가장 유망한
산업 분야는
면직, 견직 분야….

우리 면과 비단이라면
가격도 싸서 서양 제품에
경쟁력이 있습니다.

개발도상국은
경공업 테크부터
타는 게 국룰이죠.

결국 이 나라는 총칼 들고
싸우며 으스대는
무사 찌끄러기들이 아니라

공장에서 실을 뽑고
천을 짓는 어린 여공들의
노고로 부국강병을
이루게 될 것이다.

메이지 첫 10년은 혁명을 위한 전란의 10년.

메이지 20년까지의 10년은 내치와 산업 부흥의 10년.

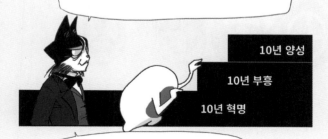

10년 양성

10년 부흥

10년 혁명

메이지 30년까지의 10년은 다음 세대를 위한 후진 양성의 10년이 될 것이니.

서양식 의회니 정당 정치니 뭐니 하는 멋부리기는 그때 이후에나.

여기에 반발하는 목소리가 있었으니.

그 무슨 망발이신지?! 그리 30년을 유사(유력인사)끼리 유신 독재하겠다는 소리요?!!

자유! 민권!! 의회 정치 도입!!! 이를 위한 정치 결사 '입지사'!!

입지사 대표 이타가키 다이스케　　**고토 쇼지로**　　(도사 번사들)

저리된 맥락을 볼작시면, 신정부 출범 이후
유신 중핵 삿초토히 4개 번 사족들의 불만이 팽배.

부와 권력을 이너서클
엘리트끼리만
나눠 먹냐?!

사족 힘으로 만든
정부가 사족을
멸하려 들다니?!

‥‥‥

사쓰마, 조슈, 사가(히젠)에서는 유신 정부에
반발하는 사족 반란이 터졌고.

모두 처참하게 진압당한다.

ㅎㄷㄷ;;

으어;
반란 참길 잘했네;;

도사

도사는 무력 반란 대신, 비폭력
민권운동으로 노선을 잡았다.

총칼 대신, 민의를 등에 업고!
문명 개화를 깃발 삼아!
민주 의회 정치를 도입해
유사 독재 타도!

164

그리하여 도사번의 유신지사들은
그대로 민권운동의 지도자가 된 것.

유신지사들의
진화 트리 중
가장 선진적인
방향이죠.

デモクラシ!

미쓰비시 총수
이와사키 야타로도
도사 출신인지라
정치 자금
지원도 빵빵하다!

하지만 그 와중에도
총칼에 미련을 못 버린
도사 번사들이 있긴 있어서—

민권

슬쩍~

1877년 8월, 입지사의 하야시 유조 등
도사 번사들이 사이고의 반란에 호응해
오사카에서 거병을 꾀한 것.

사이고 님!! 우리가
돕겠소이다!

삐이익!!!
잠깐 검문이
있겠습니다!!

모의 단계에서 발각되어 입지사 인원이 다수 체포된다.

타는 목마름으로 부른다!
데모크라시예!!

지도부는
꼬리 자르기 시전.

어휴, 우리 입지사
지도부는 저런
과격파와는
무관해요~

도사 민권쟁이들 외에도 서남전쟁 후,
온갖 불평 사족 잔당이 전국 각지에서
크고 작은 소동을 일으켰지만.

이미 시대의 대세가 굳어졌음은
어떤 바보라도 알 것.

서남전쟁은 일본사의
마지막 내전으로
기록될 것이다.

하지만
아직 불평 사족의
마지막 칼침 한 방이
남아 있었으니—

따가닥 따가닥

그것은
카가 번사들의
칼침.

카가번은 막 말 유신기에 엎드려 눈치만 보다가 별 탈 없이 무사히 난세를 지나온 후 폐번치현으로 이시카와현이 되었죠.

舊 카가 번사 시마다 이치로

이 몸을 비롯한 우리 번사들이 무진전쟁 당시 신정부군에게 가담해 참전하긴 했지만, 결국 역사에 별다른 기록을 남기지 못했습니다.

오쿠보 개객기!

ㅇㅇ! 오쿠보 개객기!!!

시마다 이치로 일당은 이후 정한론에 경도되어 사이고를 따르게 되고 사쓰마의 사학교에서도 단기간 수강한다.

서남전쟁 때 이시카와에서 동조 봉기를 기획했지만 때를 놓친다.

크흑; 사이고 님이 저 하늘의 별이 되셨어!!

별은 무슨. 고구마 거름이나 되었겠지.

서남전쟁 참전 정부군 경관이었던 아사이 히사아츠가 전후 처우에 불만을 품고 시마다 일당에 가담.

부패 관료의 탑,
애국지사를 억압해
내전으로 몰고간 간신,
외국에 굽신거리는 매국노,
자유민권을 억압하는 독재자.
오쿠보를 처단하는 길만이 남았다!

시마다 일당의 수상쩍은 동태는 일찍이
경시총감 가와지에게 보고되었지만.

뭐? 카가 번사들?

막 말 유신 난세에도
낮잠만 자던 인간들이
이제 와서 뭔 일을 꾸밀 리가 있나.
사이고 잔당들 감시에나 집중해.

그렇게 별다른 조치 없이
맞게 된 1878년 5월 14일,
아카사카 임시 황거에서의
회의를 위해 오쿠보는
아침 일찍 출근길에 나선다.

언제나처럼 별다른 호위 없이
시종과 마부만 동행했죠.

대로가 아닌 좁고
외진 길을 즐겨 이용한 건
아무래도 조용한 숲길을
좋아했기 때문.

도쿄가 더 개발되면
이 언덕 숲도 다 밀리겠지….

땅 사놓을까….

덜
컹

까이이이히힝

컥; 머선 일이고?!

마차가 기오이쵸언덕을 오를 때,
시마다 일당 6명이 급습, 말들의 다리를 베어
마차를 멈추고 마부를 살해.

처라!!!

꾸에에엥!

자객이다!

시종은 부상을 입고 근처 저택으로 도움을 청하러 달려감.

수십 차례의 칼질 중
절반 이상이 머리 쪽을 향해
그 손상 정도가
매우 처참하게 되었으니.

1878년 5월 14일,
오쿠보 도시미치 절명
(향년 48세).

범인 6명은 곧 자수해 2개월 후 모두 참수되었고.

신문사들에 성명서를 보냈는데
아무도 안 실어줬더라고.

오쿠보의 장례식은 일본 최초의 국장으로 성대하게 거행된다.

사쓰마 사람들은
갈 때 참 요란하게들
가는구먼.

오쿠보의 시신은 사쓰마 사람들의 원한 때문에
고향 가고시마에 묻히지 못하고.

배신자 오쿠보 시체,
사쓰마에 묻기만 해봐라!
바로 파묘해서
돼지 사료로 직행이다!

히익;;;

도쿄 아오야마 묘원에 안장.

메이지 시대 유명 인사들
무덤이 많은 곳이죠.

한편 이시카와현(舊 카가번)에서는
이를 쾌거로 여겨 사람들이 자랑스러워하니―

드디어 우리 동네도
막 말 유신 격동기에
큼지막하게 이름을 떨쳤구나!!

격동의 역사
막차 탑승이네!

지역 홍보는 좀
정상적인 걸로 해라.

이를 괘씸히 여긴 정부에 의해
이시카와현은 땅 반절을 뜯기고
분할당해 작은 현으로 전락하고 만다.

칵; 조선 시대
고을 강등 같은 건가;

아무튼 실질적 정부 수반인 내무경 자리가 이리 비게 되었으니;;

후임 내무경을 빨리 올려야죠;;

새 내무경은 동족상잔을 거치며 피폐해진 지역 간 원한과 상처를 봉합해야 하고;;

(즉 번벌 간 감투 배분을 잘해야 하고.)

의회 개설을 주장하는 민권운동에 어떻게든 대처해야 하며;;

서양 각국의 부와 힘을 따라잡는 데 국가의 총력을 기울여

불평등조약을 개정해야 할 것이니.

그런 중임을 누가 수행할 수 있을는지….

근데 사실 오쿠보 공이 죽기 전에 이미 후임 내무경에 대한 인사 계획서를 만들어 놓고 갔지요.

오!

막부가 천황과 멀어져 타도당했던 역사에서 교훈을 얻어, 이 정부는 천황과 일치되어야 한다. 민권운동과 천황 친정론의 기세도 좀 누를 겸.

그러므로 일단 내가 궁내대신으로 자리를 옮겨 천황과 정부 일치를 꾀할 것이고.

이때 비게 되는 내무경 자리를 맡을 사람은….

1878년 5월 15일, 이토 히로부미 내무경 취임!

하급 무사 찌끄러기 37세 난봉꾼이 일본국의 정부 수반, 실화냐?!!

이제 정치를 좀 덜 살벌하게 해봅시다!!

조슈 유신지사 그룹 인물들의 근본력을 따져볼작시면,
이토는 당연히 짬밥과 경력 면에서 1군에 들지 못하고.

어차피 1군은
이제 다 고인이니
상관없나….

구사카
겐즈이

다카스키
신사쿠

기도 다카요시
(가쓰라)

오무라
마스지로

마에바라
잇세이

2군에서는 이노우에 가오루가 이토보다 앞줄이라 할 수 있다.

이노우에
가오루

이토
히로부미

야마다
아키요시

야마가타
아리토모

하지만
이노우에는 1873년의
구리 광산 불하 스캔들로
불명예스럽게 실각하면서
부패 정치인 이미지가
박혀버렸고.

크읏;; 사실 이건
정한론파의 기획 수사라는
느낌이였는데;

이후에도
미쓰이 재벌과 유착을 이어나가
정경 유착의 전형이라는
나쁜 이미지가 강화된다.

아오, 선진 금융
육성하자는 건데;;

세간에서
조슈벌 인사들을 평하기를—

"돈 관계가 구린 야마가타."

"여자 관계가 구린 이토."

"둘 다 구린 이노우에."

—라는 드립이 뜰 정도로
이노우에의 평판은 바닥이었다.

이는 백성뿐 아니라
천황까지도 이노우에의
부패를 지적할 정도로
조야에 깊게 박힌
인식이었으니.

구리 광산을 꿀꺽해서
그리 구리구리한 거구먼.

입 냄새도
구리다는데.

그러니 어찌 이노우에에게
대임을 맡길 수 있겠는가?
이 No우, 에요!

결국 조슈 번벌의
좌장 역할은 자연스럽게
여자 관계만 구린
이토 히로부미에게 돌아가고,
결국 그가 내무경 자리에
오르게 된다.

사실 여자 관계가 구리다기보다는
여자들이 저를 굉장히
좋아하는 거거든요?!

메이지 초반, 유신 3걸이 너무 무겁게 분위기
잡으며 정국을 살벌하게 이끌어 왔기에―

엄격 근엄 진지 과격

으어;; 정변과 전란이
끊이질 않는다;;

이토는 가볍고 널널한 분위기를 정가에 몰고온다.

이토는 그 친화력과 달변으로 일찍부터
'주선의 귀재'라 불리며 온갖 주선과 중재를 맡아왔으니.

메이지 정부 내에서 이토는
사이 나쁜 오쿠보와 기도 사이를
오가며 정부가 굴러가도록
베어링 역할을 했고,

정부와 태정관 공경들 사이를 오가며
의중을 전달하는 메신저 역할도 했으며,

산조와 이와쿠라 사이도 막 말 때부터
이미 이토가 오가며 공조를
유지시켜 온 것이다.

민권운동 세력과 정부 사이도 중재해
1874년의 오사카 합의로 이타가키를
정부에 참여시키기도 했고.

아, 의회, 언젠가는
만들도록 하죠!

뭐, 결국 금방
어그러지고
사퇴하긴 했지만.

술자리에서 천황과 진솔한 대화를 하는 역할까지 맡았으니.

이제 양복도
입으셔야 합니다요~

알겠으니 내 똥꼬는 부디
찌르지 말아주시오.

지적 대화를 위한 넓고 얕은 지식이 넘쳐흘러
인문, 사회, 과학, 군사, 예술 어느 분야든
대화를 유창하게 이어나가죠.

세상 모든 악기를
'학교 종이 땡땡땡'까지는
연주할 수 있는 사람이랄까.

영국 유학 덕분인지
외국인들과도 영어로
말이 잘 통한다!

이리 능수능란한 주선가,
사바사바의 명인이 정권을 맡았으니.

이제 유신의 혼란을 딛고
나라를 매끄럽게
발전시킬 수 있겠지요?

－라기에는 일본이 당면한 문제가
만만치 않은 것들이었다.

국민의 뜻이다!!
민권! 의회 설립!!

군대 가기
싫어!!

인플레이션으로
베네수엘라 된다!!

으어;;

불평등조약
개정하라!!

천황 친정!!

후, 쉽게 해결되지
않을 문제들은 일단
나중에 찬찬히 생각해 봅시다…

DEMOCRACY INFLATION

뭔가 쉽고 간단하게
처리해서 치적 쌓기
좋은 건수는 없나….

－라는 것은 바로
류큐 먹기!?

으어어어;;

일본 놈들이 드디어
최종 처분을 내릴
모양인갑다;;

류큐 문제라면 간단하게 역사책에 공적을 올릴 수 있겠군요~ ㅎㅎ 보너스 스테이지~

잠깐!!! 어찌하여?! 멈추시오!!

중화 천조가 두 눈 시퍼렇게 뜨고 있는데, 어찌하여 그리 뻔뻔하게 번국 땅을 입질 몇 번으로 호로록해 버릴 심산이란 말이오?!

아~ 하여~ (hi여~)

초대 주일 청 공사, 하여장

앙?! 어찌하여?!

아니, 근데 청나라는 근간 신강 원정에 돈과 자원 죄다 올인하고 있던 거 아닌감요?! 딴 데 신경 쓸 여력이?

아이고! 위구르 원정 어찌어찌하여 끝난 지가 언젠데!

182

올해 초(1878년 1월),
좌종당 공께서 신강의
반란 세력을 모두 소탕!!
하여, 신강은 다시 천조의
품으로 돌아왔소이다!!

신강

이 거대한 땅덩어리를
탈환한 나님의 모험담은
간단히 넘어갈 이야기가
아니지!!

좌화화하하하하하하!!
신강 원정담 들어볼 텐가!!

그리하여 갑작스럽지만
시간을 좀 거슬러 올라가
신강 원정 스토리로
ㄱㄱ 입니다!

헉, 이렇게
지면을
뺏기다니;

굽씨의 오만잡상

하급 무사 출신으로 30대 나이에 일본 정부의 리더가 된 이토 히로부미. 오쿠보의 뒤를 이어 내무경 자리를 이어받았다고는 하지만 권세 측면에서 이토는 선임자에게 한창 미치지 못하는 것이 사실이었습니다. 정권 내에 이토와 동렬, 또는 윗선인 거물들이 늘어서 있었으니 말이죠. 본문에서 언급한 이노우에 가오루와 야마가타 아리토모 외에 이토와 어깨를 나란히 할 만한 세도가들을 볼작시면, 일단 유신 정부의 최고평의회라 할 수 있는 참의, 그중에서도 수석 참의인 오쿠마 시게노부가 버티고 앉아 있었습니다. 오쿠마는 대장경직까지 겸하며 일본의 재정·경제 정책을 손아귀에 쥐고 있었지요. 그리고 개척사를 맡아 북방 정책을 총괄하는 구로다 기요타카는 마치 북부 대공처럼 홋카이도에 웅거하고 있었고요. 구로다는 사이고와 오쿠보의 사후, 사쓰마벌 보스라 할 만한 거물이었습니다. 조슈벌 내 선후배 관계에서 이토보다 윗줄인 이노우에를 강화도 회담 때 부사로 거느리고 간 사례만으로도 구로다의 위상을 짐작할 법합니다. 이런 거물들이 있으니 이토는 오쿠보처럼 독재적 권세를 휘두르는 권력자라기보다는 과두정의 중간 관리자라는 느낌으로 자리했지요.

그런데 저 오쿠마와 구로다가 그리 묵직한 중량을 지닌 거물이었는데도, 당대 최고 권력 레벨에 오르지 못한 것은 그들이 가진 취약점 때문이랄 수 있습니다(둘 다 나중에 총리 자리에 앉아보긴 했지만).

오쿠마는 일단 사가 출신이었기에 삿초가 주도하는 정권 내에서 마이너였고, 동향 인사 중 절반 이상은 사가벌의 보스였던 에토 신페이와 함께 날아가 버렸지요. 결정적으로 그는 영국식 의회 정치에 대한 강력한 신념을 품은 러라 반정부 야권의 자유민권운동에 동조하는 기색이 짙었습니다. 이는 보수적인 정권 수뇌들에게 강한 경계심을 안겨주었고, 결국 여러 차례 정권에서 밀려났다가 복귀하는 행보를 반복해야 했습니다.

구로다는 오쿠마와 달리 의회제에 반대하는 강경 보수파였고, 사쓰마벌이라는 거대한 배경하에 관과 군의 라인도 굵직굵직한 거물이었습니다. 하지만 이 사람은 고구마소주의 본고장 사쓰마 출신답게 알코올 문제가 심각했지요. 그는 폭음과 주사로 젊은 시절부터 악명이 자자했다고 합니다. 특히 치명적이었던 건 술에 취해 부인에게 폭력을 행사한다는 의혹이었지요. 실제로 부인이 사망했을 때 세간에는 술에 취한 그가 때려죽인 것이라는 소문이 나돌았지 말입니다. 부인의 공식 사인은 폐병이었고, 흉흉한 소문을 잠재우기 위해 시신을 부검까지 했지만, 사람들은 이미 그를 주폭 부인 살인범으로 여겼습니다. 이후 홋카이도 개척을 둘러싼 비리 스캔들까지 허지자 그는 더욱더 술에 의존해 심신을 망가뜨리죠. 정치적으로도 그 입지를 크게 잃게 되었고요.

규슈에는 '구로다'라는 이름의 소주가 몇 종류 있는데, 구로다 기요타카가 아닌 전국시대 무장인 구로다 요시타카黒田孝高와 구로다 나가마사黒田長政 부자에게서 따온 것이라고 합니다. 뭐, 당연히 술로 신세 망친 사람의 이름을 갖다 붙이지는 않았겠지요.

제 9 장

신강 무슬림 봉기

세계

1776년 미국 독립 선언　**1815년** 나폴레옹전쟁 종결　**1853년** 크림전쟁 발발　**1861년** 남북전쟁 발발

신강

1757년 준가르 멸망　**1832년** 청·코칸트협약　**1864년** 신강 위구르 봉기

청

1839년 아편전쟁 발발　**1850년** 태평천국 봉기　**1856년** 애로호 사건　**1862년** 섬감 동간혁명

조선

1762년 사도세자 사망　**1866년** 병인양요

일본

1833 덴포 대기근　**1853년** 흑선내항　**1868년** 메이지 정부 수립

중앙아시아 스탄 스탄 나라들이 있는 지역의 동쪽,
동투르키스탄. 오늘날 '신장 위구르 자치구'라 불리는 땅.

17~18세기, 동투르키스탄에는
텐산산맥 북쪽을 근거지 삼은
준가르가 큰 세력을 형성하고 있었다.

준가르의 영역에는 여러 민족이 주변에
한 다리씩 걸쳐 자리하고 있었으니.

키르기스는 적마, 준가르는 황마.
카자흐는 흑마로 정리합시다.
(폴란드는 백마로 하고.)

텐산산맥 남쪽에는 위구르가
소박하게 코란을 외우며 살아가고 있었고.

한 1천 년 전 쯤에는
위구르가 개 잘나가던
시절도 있었다는데….

이 시점에서 위구르는 북쪽의
준가르에게 복속해 세금을 바치며
상업의 이익을 보장받고 있었다.

몽골제국의 추억이
새록새록 하구먼!!

쳇, 더러운
이교도 놈들.

1757년,
청나라의 대침공으로
준가르 증발.

그딴 끔찍한 추억
지옥에나 가서 떠올려라!!

No more Horde!!!

제노사이드로 준가르는
민족 자체가 절멸당한다.

헐킈!?

이어서 1759년, 톈산산맥 남쪽 카쉬가리아의
위구르도 청에 정복당한다.

청은 새로 정복한 땅을
신강이라 이름 붙이고
일리에 일리장군부를
두어 군정 통치케 한다.

일리장군의 말씀은 다
일리가 있다는 거. ㅎㅎ

···일리 드립이
노잼일 리 없어요~ ㅎ

신강 주둔 청군 전체 병력은 3~5만.

실제 지방 행정, 세금 징수는
위구르 지역 유지 호족인
벡들에게 위임한다.

식민 주구 앞잡이가
된 기분 어떠신가요?

이렇게라도 우리
신앙과 전통 지키며
사는 게 다행이지~

무슬림들은 이곳
전통 양식의 '회성'에서 살고,

사막과 험준한 산맥들 언저리에
드문드문 박힌 도시들에서
무슬림들과 중국인들은
섞이지 않고 따로 지낸다.

한족 무슬림인
'둥간'들도 회성에서
살지요.

중국인들은 여기 와서 새로
지은 '한성'에서 산다.

하지만 이교도 침략자들을 향한
저항 정신을 잃지 않은 이들도 있다!

이 지역 수피 교단의
성인 격인 마흐둠이 아잠의 후손인
종교·세속 지도자 '호자'들이
저항을 이어나간다!!

일단 청군을 피해
파미르고원으로 도주한 다음―

호자들이 파미르고원에서
카쉬가리아로 쳐내려와 약탈하고
빠지는 게릴라전을 수십 년간
이어나간다!!

아니?!
저 불모지에서
어떻게?!

코칸트 칸국

파미르고원

카쉬가리아

이들 호자 세력이 계속 카쉬가리아로
쳐들어올 수 있었던 건,
배후의 코칸트 칸국의 지원 덕분!

히바 칸국, 부하라 미르국과 함께
우즈벡 3국을 구성하는 코칸트는 청에서
카쉬가리아 지역 교역의 이권을
뜯어내고 싶어 했고.

이를 위한 청나라
괴롭히기 카드로서
위구르 호자들을 계속
지원해 준 거죠~ ㅎ

크앸!! 우라즐
우즈벡 놈들이?!

코칸트의 지원을 받는
호자들의 카쉬가리아 침공은
수십여 년간 계속되고,

@#$%!
호자는 호로자식의
줄임말이냐?!?!!

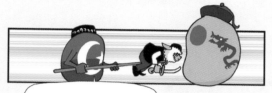

거, 그렇게 우리랑 이야기 좀
잘해보자니까요~ ㅎ

저, 저 코칸트인지
고간트인지 잡놈들을
대군으로 쓸어버려야!!

코가 칸트처럼
생겨서 코칸트인가?!

도광제

19세기 청나라가
파미르고원 너머로
대군을 보내는 건 불가능할뿐더러;
투르키스탄 무슬림들이
총연합하면 답 없습니다;;

결국 1830년,
호자들을 앞세운 코칸트군이
카쉬가르를 한바탕 휩쓸고
돌아간 후—

크으윽;;

이제 도장
찍으시죠?

1832년, 인구 300만의
코칸트는 청나라에
불평등조약을 요구해
관철시킨다.

1832년 청-코칸트협약

카쉬가리아의 무역 관세 징수권을
코칸트가 가져가고,
이를 시행할 관리들이 카쉬가리아
도시들에 파견되어 치외법권,
치외행정권을 행사하고–

아, 코칸트에서
카쉬가리아로 들어가는
교역품은 면세고요~

아편전쟁 때문에 맺게 된
1842년의 난징조약보다
10년 앞선
불평등조약인 것;;

코칸트

신강

카쉬가리아

카쉬가리아에 대한
코칸트의 이중 지배를
사실상 인정하는
청나라의 大굴욕이었죠~ ㅎ

…근데 사실 너무 외진
변방이라 중원에서는
이런 일 있었다는 걸
아는 사람도 얼마 없었다….

그리고 시간이 흘러 청나라가 아편전쟁과
태평천국의 난 등으로 사경을 헤매게 되었을 때–

으어어어;;

올크?

194

코칸트도 내분과 부하라와의 전쟁으로
빈사 상태에 접어들게 된다.

그렇게 카쉬가리아의 지배 세력들이 휘청거리고,
타클라마칸사막에는 메마른 신기루가
스믈스믈 피어오르기 시작한다.

신강의 병력과
행정 기구를 유지하기 위해서는
조정에서 매년 거액의 지원금을
받아야 했는데ー

이에 1850년대부터 신강 지역에는
가혹한 세금 인상이 계속되고.

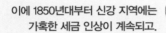

신강 지역
재정 자립 달성을
위해 모두 화이팅!

아니,
식민 통치 기관 압제자들
월급을 왜 우리가
내줘야 하는데?!

같은 무슬림끼리
너무하는 거 아뇨?!

여기에 중국 앞잡이 벡들의
수탈까지 더해져 신강 민심은
가렴주구에 부글거리고 있다!

알라의 것은 알라에게,
칸의 것은 칸에게.

중국 형제들은
화끈하구나.

알라후
아크바르!!

신강

둥간혁명!

감숙

섬서

그런 와중에 1862년,
중국 감숙·섬서 지방에서
발발한 회족 반란ー
둥간혁명은
신강의 무슬림들에게
꽤 자극이 되었고.

196

그딴 사이비랑
이슬람을
비교하지 마라!!

으어; 태평천국에
이슬람 반란까지;;
역시 사막 출신
아브라함계 종교는
위험해;;

장발적이든 염군이든
무슬림이든 다
공평하게
순교시켜주마!!

섬감의 둥간혁명 와중에
그 지역 한족들은
단련을 조직,
민병대 활동에 나서고.

아니, 우리는
반란 동조
안 하는데!

이에 따라 중국 각지에서 단련의
무슬림 학살 사건이 잇따라 터진다.

그걸 어떻게 믿냐?!
안전빵을 위한
사전 예방 조치!

중국에서 무슬림들
씨를 말린다는데;

신강에서도
곧 무슬림들 처리 작업이
시작된다더라;;

이러한 소식들이
신강 지역에 전해지며
민심은 더욱더
흉흉해지고.

한국전쟁 때의
보도연맹 학살 사건처럼
반란 가능성 있는 종자는
다 죽여버리겠다는 게지;;

…그러면 앉아서
당할 바에는….

그리하여 크고 작은 소요가 이어져 오다가,
결국 신강 전체를 휩쓸 모래폭풍의 첫 봉기가
터져 나오게 되었으니−

카자흐스탄

준가리아

고비사막

알마티

일리

우루무치

투르판

하미

텐산산맥

우쉬투르판

쿠차

카라샤르

카쉬가르

카쉬가리아

타클라마칸사막

호탄

쿤룬산맥

카슈미르

티베트

1864년 6월 4일(태평천국의 난 종식 1달 전),
쿠차에서 무슬림 大봉기!!!

쿠차에서 메차쿠차
봉기했습니다!!!

올 것이
왔구나!!!

쿠차의 중국인들은 모두 살해당하고.

지하드다!!
중국인 다 죽여라!!

중국 상인들의
재물은 약탈당한다!
이걸 노린 게지?!

쿠차를 장악하는 데 성공한 반란군은
지역의 명문가 출신 수도자 라시딘 호자를
쿠차 정권의 지도자로 옹립한다.

알라후
아크바르!!

칸 호자
만세!!

후; 집에서 기도하고
있는데 끌려 나옴;;

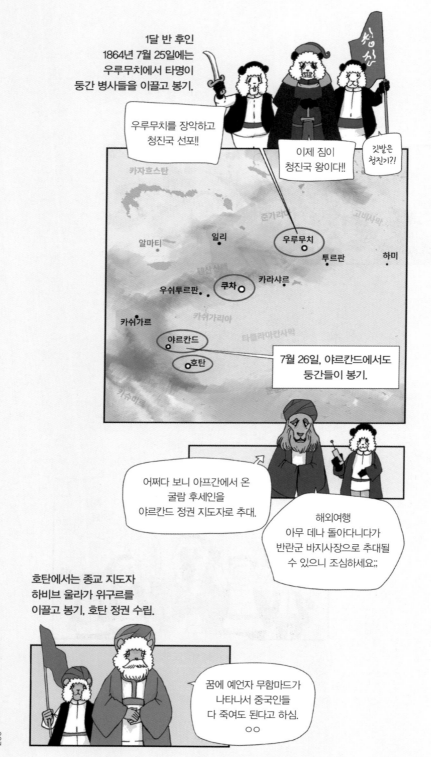

1달 반 후인
1864년 7월 25일에는
우루무치에서 타밍이
둥간 병사들을 이끌고 봉기.

우루무치를 장악하고
청진국 선포!!

이제 짐이
청진국 왕이다!!

깃발은
청진기?!

카자흐스탄

준가리아

고비사막

알마티

일리

우루무치

투르판

하미

톈산산맥

우쉬투르판

쿠차

카라샤르

카쉬가르

카쉬가리아

타클라마칸사막

야르칸드

호탄

7월 26일, 야르칸드에서도
둥간들이 봉기.

카슈미르

어쩌다 보니 아프간에서 온
굴람 후세인을
야르칸드 정권 지도자로 추대.

해외여행
아무 데나 돌아다니다가
반란군 바지사장으로 추대될
수 있으니 조심하세요;;

호탄에서는 종교 지도자
하비브 울라가 위구르를
이끌고 봉기, 호탄 정권 수립.

꿈에 예언자 무함마드가
나타나서 중국인들
다 죽여도 된다고 하심.
ㅇㅇ

쿠차 봉기에 호응하는 형태로
투르판과 하미에서도 무슬림 봉기 성공.

하지만 타르바가타이의
무슬림 봉기는 몽골군의
신속한 진압으로 실패.

신강 각지의 동시다발성 무슬림 봉기에
일리장군부는 혼비백산 제대로 대처하지 못한다.

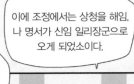

이에 조정에서는 상청을 해임,
나 명서가 신임 일리장군으로
오게 되었소이다.

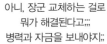

아니, 장군 교체하는 걸로
뭐가 해결된다고;;;;
병력과 자금을 보내야지;;

신임 일리장군 명서

일리 있는 말씀이지만,
지금 전국 각지가 大반란 시대인지라
여기까지 지원해 줄 여유 없다는 거
님도 잘 아시죠?

○○!
일리 봉기!!!

아니, 그러면
장군 교체가 아니라 신강에서
군관민 대철수를 해야죠;
이제 여기 일리도 위험한데—

1864년 11월,
식민 지배 기구의 본거지
일리에서도 봉기 발발!!

어이쿠;;

이후 1년 넘게 일리장군부는 혜원성에 갇혀 포위당하고.

결국 1866년 3월, 혜원성이 함락당해
명서는 자폭하고
상청은 포로로 잡힌다.

이후 일리 봉기 세력은 격심한 내분으로
지도부가 연이어 쿠데타로 교체되고,

아무튼 무슬림 봉기로 신강
전역에서 중국인 수만 명이 목숨을 잃고,
청군 수비대가 전멸했으니;;

태평천국 잔당의 항쟁,
염군 반란,
운남 회민 반란,
섬감 동간혁명,
기타 등등;;

그리고 사실 베이징의 높으신 분들은
신강 지역에 딱히 마음을 두지 않는 분위기.

신강은 100년 전에 억지로
움켜쥔 땅. 움켜쥐기 위해 계속
힘을 주고 있어야 하는 땅은
국토라 할 수 없죠;;

아무짝에도 쓸모없고
돈만 처들이는
근본 없는 사막 불모지를
왜 신경 써야 하나;;

어떻게 억지로 신경을 쓴다손 치더라도,
신강으로 가는 길이자
신강 평정의 베이스캠프가 되어야 할
감숙, 섬서의 이슬람 반란 불길을
먼저 잡지 않으면 신강에는
손도 댈 수 없는 상황인 것!

이 때문에 1864년 이후 10여 년간
신강에 신경 쓰지 못하게 된다.

Meanwhile, 신강의 서쪽 끝 카쉬가르에서도
1864년 7월 둥간들이 봉기하는데ㅡ

'카쉬가리아'라는 지명의
근본이 된 도시지!!

봉기한 둥간들은 현지 벡들의 저항에
카쉬가르의 만성은 물론 회성도 막혀
함락시키지 못한다.

이 근본 있는 카쉬가르에서
카쉬가르 위구르가 아닌
둥간들이 봉기를 주도한다는 게
맘에 안 드는구먼.

흄;;

쳇;;

이 교착 상황을 타개하기 위해
양측 모두의 요청을 받고 근방
키르기스 부족장 시딕 벡.
급히 오다!!

제가 카쉬가르를
다스려드리지요!!

시딕 벡

시딕 벡은 카쉬가르의
둥간들과 손잡긴 했지만—

어디 키르기스 말 뼈다귀가
위구르에게
상전 노릇하려 드느뇨?!

끄지!

헐; 상처받음;;

카쉬가르 위구르는
이민족 지도자에게 반감을 드러낸다.

저 위구르를
규합하려면 적당한
바지사장이
필요할 듯…

위구르가 받들어 모시는
높으신 분이라면 당연히
옛 명문 호자지요, 호자!

그런 고로, 위구르 명문 호자들을
보호하고 있는 코칸트에
카쉬가르를 지도할 호자 한 분
보내주시길 요청드립니다!

음?

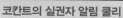

코칸트의 실권자 알림 쿨리

…확실히
저 신강 지역 大반란 웨이브는
우리 코칸트의 영향력을 늘리고,
영역을 확대할 좋은 기회긴 하지…

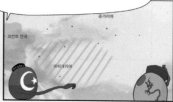

근데 사실 지금 코칸트의 상황도 여의치 않음.

부주르그 호자에게
우리 측 감독관 및 소수 정예 병력을
딸려 보내니, 카쉬가르에 가서
정권을 접수하도록!

Ha janob(Yes sir)!!
탁월한 인선이십니다!

부주르그
호자

코칸트 측 감독관
야쿱 벡

야쿱 벡은 어린 시절
용모가 아름다워 찻집 무용수인 바차로
활동했던 경력이 있었고,

아이돌 연습생 정도
느낌이랄까요~ ㅎ

중앙아시아에서는 남자가
출세하려면 용모도 중요하지.

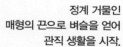

정계 거물인
매형의 끈으로 벼슬을 얻어
관직 생활을 시작.

매형이야말로 찐 브라더!
영원한 형님입니다요~ ㅎ

우리 누나도 항상
저 인간 보고 역적이라고
욕했다니까요!!

정변으로 매형의 목이 날아갈 때
잽싸게 반대 진영으로 갈아탔고.

유목쟁이
말 뼈다귀들은
솥단지行!!

거짓 칸에게
죽음을!!

이후에도 코칸트의 어지러운
내분 속에서 아슬아슬한 줄타기로
커리어를 쌓아나갑니다.

그런데 그 시기,
아쿱 벡이 전쟁터에서는
부하라군이나 러시아군에게 맞서
졸전으로 패했다고 하니,
군재는 별로였지 싶음.

아니, 저건
티어가 너무
차이 나잖아!!!

210

아무튼 뭐, 야쿱 벡 저 인간 정도면 큰 사고 칠 위인도 아니고 카쉬가리아에서 적당히 단물 뽑아내기에 알맞은 인사가 아닐까 싶습니다.

ㅇㅇ, ㅇㅈ! 적당히 단물 빨며 사는 게 인생 목표랍니다!

그리고 코칸트는 이제 단물 다 빠진 레드 오션.

피바다 탈출은 지능순!

이제 기회의 땅은 동쪽! 신강! 동투르키스탄!

블루 오션 입갤!!

1865년 1월, 야쿱 벡(45세) 카쉬가르 도착.

굽씨의 오만잡상

이 책에서 다루는 위구르 이야기는 김호동 교수님의 박사 논문인 《근대 중앙아시아의 혁명과 좌절》에 크게 기대고 있습니다. 19세기 말 무슬림 봉기의 기원과 경과부터 그 내막과 세세한 양상까지 대단히 깊은 통찰과 넓은 식견이 담긴 책입니다. 아시아 지역 관련 서양 학계의 연구들이 보통 서양 학자 특유의 이세계 탐방 같은 낯선 향신료 향을 풍기는 데 비해, 김호동 교수님의 연구는 정치적·문화적으로 덜 낯설고 서사적으로 더 수긍할 만한 시야를 제공합니다. 연장선에서 위구르, 또는 티베트 지역에 대한 중국 학계의 목적성 짙어 보이는 연구들보다 객관적이고 자연적인 틀을 정립해 줍니다. 실로 이 분야 연구를 선도하는 세계적 권위로 중앙아시아사의 대칸이라 일컬어지심을 알 일입니다. 고비사막에서 파미르고원을 넘어 보는 석학의 광활한 시야를 우리가 계속 엿볼 수 있기를 바랍니다.

제 1 0 장

야쿱의 사다리

카쉬가르는 이제 내 땅이오! 쿠차군의 침공도 내가 막았음!!

쿠차군의 침공?

ㅇㅇ, 신강의 이슬람 반란 세력 중, 쿠차 놈들이 가장 강대한 세력을 이루며 다른 도시들을 점령해 가고 있음.

쿠차에서는 라시딘 호자가 스스로 칸 호자라 칭하며 신강 전역을 쿠차 정권의 발 아래 두려는 야망을 뿜뿜했다.

위구르제국 재건!!

신강의 모든 도시를 복속시키겠다!

라시딘 호자

동쪽으로 동정군! 서쪽으로 서정군! 출격!!

타르바가타이
준가리아
알마티
일리
우루무치
하미
톈산산맥
투르판
카라샤르
우쉬투르판
쿠차
카쉬가르
야르칸드
호탄
쿤룬산맥

1864년 중반부터 1865년까지 쿠차군이 동서 양방향으로 진군.

동정군을 맡은 이스학 호자는 순조롭게 카라샤르, 투르판, 하미를 장악하고 우루무치의 청진 정권과는 협력 관계를 맺습니다.

서정군은 악전고투 끝에 악수와 우쉬투르판을 점령한 후—

이제 카쉬가르 점령이다!

1864년 10월, 카쉬가르로 향한 서정군은 시딕 벡의 키르기스군에게 굴욕적인 패배를 당한다.

카쉬가르 위구르는 부주르그 호자를 구심점 삼아
키르기스를 쫓아내고자 들고일어난다.

야쿱 벡은 이들 위구르와 함께
키르기스를 카쉬가르에서 축출한다.

1865년 1월, 이렇게 야쿱 벡은 부주르그 호자(바지사장)를
앞세워 카쉬가르를 손에 넣는 데 성공!

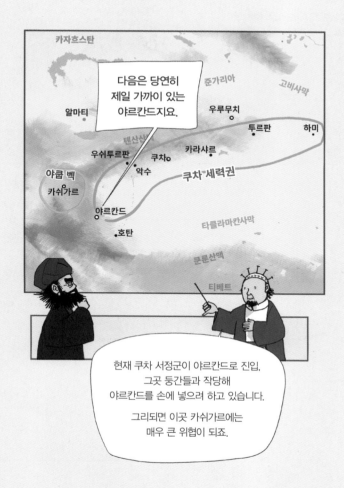

현재 쿠차 서정군이 야르칸드로 진입, 그곳 동간들과 작당해 야르칸드를 손에 넣으려 하고 있습니다.

그리되면 이곳 카쉬가르에는 매우 큰 위협이 되죠.

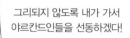

그리되지 않도록 내가 가서 야르칸드인들을 선동하겠다!

1865년 2월, 야쿱 벡은 부하 200명을 데리고 야르칸드로 향한다.

But, 야르칸드에는 이미 쿠차군이 바글거리고 있었던지라 야쿱 벡은 간신히 도망쳐 나온다.

키르기스 다음에는 우즈벡이냐? 근본 없다, 근본 없어~

그리 야르칸드 점령을 수행하던 쿠차 서정군은 동시에 호탄을 향해서도 작전에 나서고.

호탄인들은 쿠차의 라시딘 칸 호자에게 복속하시오!! 카쉬가르를 칠 병력을 차출하시오!

.....

호탄 군주 하비브 울라

1865년 4월, 호탄으로 향했던
쿠차군은 호탄군에게 패배.

호탄에서
포탄 맛 어떠냐!!

결국 야르칸드 점령도 포기한 채
서정군은 쿠차로 철수하게 된다;;

한편, 카쉬가르로 돌아간 야쿱 벡은 그 근방을 평정하고,
시딕 벡을 복속시켜 호족들의 반란을 진압.

형님으로
모시겠습니다.

바쁘게 기반을
닦고 있지요~

크악!
어디서 굴러왔는지도
모를 우즈벡 놈이
상전 노릇하려 들다니!!

야쿱 벡에게 대항하는 카쉬가르 인사들은 쿠차로 도망쳐
군사 행동을 부추킨다.

저 시꺼먼
우즈벡 놈에게서
카쉬가르를
해방시켜 주십시오!

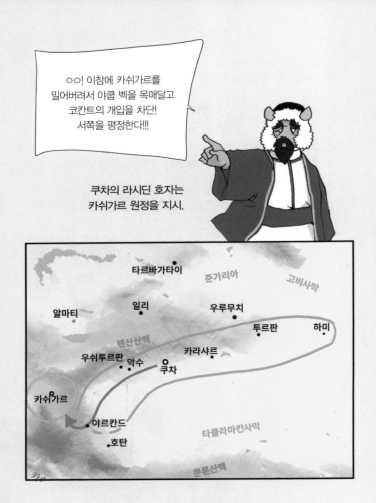

ㅇㅇ! 이참에 카쉬가르를
밀어버려서 야쿱 벡을 목매달고
코칸트의 개입을 차단!
서쪽을 평정한다!!!

쿠차의 라시딘 호자는
카쉬가르 원정을 지시.

타르바가타이
준가리아
고비사막
알마티
일리
우루무치
투르판
하미
톈산산맥
우쉬투르판
악수
카라샤르
카쉬가르
쿠차
야르칸드
타클라마칸사막
호탄
쿤룬산맥

쿠차군은 전군을 총동원, 그 병력이 4~5만에 이르렀다고.

하지만 전문 군인은 없고
대충 다 농민 징집병이죠.

이에 맞서는 야쿱 벡軍의 병력은 2천 미만.

병력비가
20 : 1 이상인가;;

일리   우루무치

알마티   투르판   하미

톈산산맥

우쉬투르판   악수   카라샤르

쿠차

카쉬가르

타클라마칸사막

한 아릭   야르칸드

호탄

1865년 여름, 카쉬가르로 향하는 쿠차군을 맞아
한 아릭에서 회전이 벌어지고.

2시간에 걸친 전투 끝에—

음?
할 만한데?

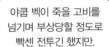

야쿱 벡이 죽을 고비를 넘기며 부상당할 정도로 빡센 전투긴 했지만.

기적적으로 야쿱 벡軍이 승리!

으어; 잡졸은 아무리 많아봤자 잡졸일 뿐인가;;

제대로 된 화기도 없고, 훈련도 받지 않은 쿠차군의 농민병들에 비해 야쿱 벡軍의 병사들은 코칸트에서 부하라, 러시아 등과 전쟁을 치르며 단련된 전문 군인들이었다는 거죠.

자, 이리 큰 승리를 거두고 확실한 세력 기반을 닦았으니 본국 코칸트에서 나님 직위 승급시켜 주겠죠? 지원금도 보내주겠죠?

지원금은 개뿔—

지금 코칸트는 나라가 절딴 나고 있는 판국이라고요;;

뭣이라?!

1865년 5월, 러시아군 1,300명이 타슈켄트를 급습!
알림 쿨리 대감이 수비 작전 중 전사!
타슈켄트 함락!!

부고
알림!

이에 알림 쿨리의
정적 쿠다야르 칸 전하가
권좌로 복귀!

알림 쿨리
따까리들은
모조리 숙청이다!!

이에 수많은 코칸트
인사가 국경을 넘어
망명객이 되었으니.

그 코칸트 망명객 무리 7천을
야쿱 벡軍이 받아들입니다.
전력 大증강!! ㅎ

모국이 망해가는데
웃고 있다니….

뭐, 이걸로
코칸트와는 절연이죠.

아니, 망할 코칸트 놈들이
코칸트에서 얌전히 망할 것이지,
왜 우리 땅으로 도망쳐 와서
상전 노릇하려 드냐?!

1865년 말, 카쉬가르의
불만 세력들은 야쿱 벡 정권의
바지사장인 부주르그 호자를
손에 넣고 반란을 일으킨다.

뭐, 해를 넘겨 반란을 진압하고,
부주르그 호자는
메카 순례 보내는 걸로
이 무대에서 치워버립니다.

이걸로 이제 바지사장 없이
나님이 대놓고 대빵입니다!

1866년 봄,
야르칸드를 놓고
이스학 호자의
쿠차군과
일전을 벌여 승리.

야르칸드는
내가 먹는다!

쿠차군 주력을 작년에
머저리들이 다 말아먹어서
이 꼬라지가 나는구나;

알마티
일리
우루무치
텐산산맥
투르판
하미
우쉬투르판
카라샤르
악수
쿠차
카쉬가르
야르칸드
타클라마칸사막
호탄
카슈미르
티베트

그리고 연말에 야쿱 벡은
호탄으로 진군.

226

호탄성 밖에 진을 친 야쿱 벡은
하비브 울라에게 초대장을 보내고.

하비브 울라는
야쿱 벡의 초대에 응해
막사를 찾아왔고.

야쿱 벡은
하비브 울라를
바로 납치.

이후 야르칸드로 데려가 살해.

야쿱 벡은 하비브 울라에게서
탈취한 인장을 위조 명령서에 찍어
호탄성에 전달.

그리 호탄 성내로 입성한 야쿱 벡 일당은 곧 사태를 파악한
군민들과의 시가전 끝에 성을 점령한다.

1867년 1월, 호탄 점령 완료!

야쿱 벡 정권이 그리 서부 지대를 모두 장악하는 동안—

청전 정권

우루무치

투르판

하미

일리

알마티

고비사막

텐산산맥

카라샤르

우쉬투르판

악수

쿠차

쿠차 세력권

카쉬가르

야르칸드

타클라칸사막

호탄

야쿱 벡 세력권

쿤룬산맥

카슈미르

티베트

쿠차 정권은 라시딘 호자 형제들의 권력 독점으로
정권 내부의 알력이 심해져간다.

니 탓이오!
니 탓이오!

군권을 모두 뺏긴
이스학 호자의 불만.

그렇게 쿠차 정권은 온갖 내분과 음모, 반란으로
안에서부터 무너져 내리고 있었다.

그 반란 종자 중
일부는 야쿱 벡에게로
도망쳐 오고.

지금 쿠차 치세요!
속 다 썩은 나무임!

미드
오픈요!

슬슬 때가
무르익었나!

쿠차의 고관 다수가 야쿱 벡과 밀통한다.

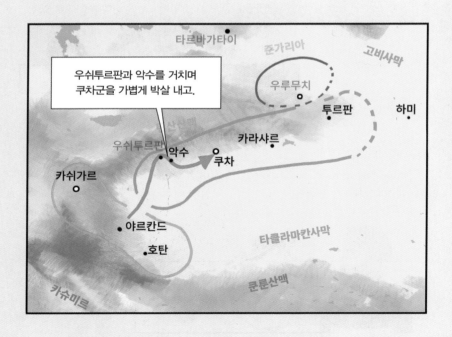

1867년 6월 5일, 야쿱 벡軍이
쿠차를 함락하며 쿠차 정권은 멸망한다.

라시딘 호자는
전사.

이 동네에서 인기 좋은
이스학 호자께 쿠차 지사를
맡기겠소이다~

이로써 카쉬가리아-타림분지를
대충 석권!!

준가리아

고비사막

청원 장림

알마티

일리

우루무치

투르판

하미

텐산산맥

카라샤르

우쉬투르판

악수

쿠차

카쉬가르

야쿱 벡 세력권

야르칸드

호탄

타클라마칸

카슈미르

쿤룬산맥

티

이제 제대로 된 나라를
만들어 낸다면!
나님은 일국의 국부가 되리라!!

콘스탄틴 페트로비치 폰 카우프만 총독

토마스 더글라스 포사이스
펀잡주 행정관

제 11 장

Opening

세계

- 1731년
- 1759년
- 1785년
- 1789년 프랑스대혁명
- 1815년 나폴레옹전쟁 종결
- 1826년 러시아-페르시아전쟁

중앙아시아

- 1731년 러시아, 카자흐 진출
- 1759년 청, 신강 정복
- 1785년 부하라 에미르국 창건
- 1832년 청-코칸트협약
- 1839년 러시아, 히바 원정 실패

청

- 1813년 백련교도의 난
- 1839년 아편전쟁 발발

조선

- 1762년 사도세자 사망
- 1800년 정조 사망
- 1834년 헌종 즉위

일본

- 1786년 다누마 실각
- 1808년 페이튼호 사건
- 1828년 지볼트 사건

야쿱 벡이 스스로를
군주로 칭하거나
정식으로 新국가를
선포한 건 아니지만,
외부에서는 이 정권을
카쉬가리아의
일곱 도시를 뜻하는
'예쉬타르'라 불렸다.

원,
겸손하십니다요~

행정 조직은 그 일곱 도시를
35개 소단위로 나눠서 통치하는데,
고위 관직은 대개 야쿱 벡을 따라온
외지인들에게 맡겨졌지요.

군대도 그 핵심 정예는 망해가는 코칸트에서
망명해 온 군인들이 맡고 있습니다.

그 밖에 키르기스,
아프간 등에서
온 외지인들이 많이
등용되었다.

물론 외지인들만으로는 4만 병력을
다 채울 수 없어서, 위구르와
둥간도 강제 징병하곤 했지요.

인구 100만도 안 되는
동네에서 뭔 병력을
그리 많이;;;

보통 백수건달로
찍히면 군대로 끌려가고,

삼청교육대냐;

싸움이나 경범죄로 잡히면
군대로 끌려가고.

뭣보다 중국과 완전히 물류가 끊김에 따라 중국과 서역의
중간 교역 거점이었던 신강 도시들의 경제가 완전히 파탄 나버렸다.

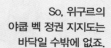

So, 위구르의
야쿱 벡 정권 지지도는
바닥일 수밖에 없죠.

저 우즈벡 놈을 필두로
외국인들이 몰려와서
상전 노릇이라니!

우리 종교
지도자를
살해한 도살자!

코란에
침 뱉은 인간!

코칸트 남창!

큿¨

정통성과 권위, 도덕적 배경이
취약한 권력자가 저런 비난에
직면할 경우—

더더욱 강력한 도덕적 권위로
대중을 위압해 아무도
찍소리 못 하게 만드는 게 상책.

강력한 이슬람 율법 통치 도입!
술, 담배, 가무 다 금지!!

율법 경찰이 돌아다니며
사람들을 채찍질하고
군대로 잡아간다!

뒤가 구린 놈일수록
가장 엄근진한 표정으로
도덕 윤리를 강요하는 건
과학 법칙이다!!

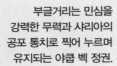

부글거리는 민심을
강력한 무력과 샤리아의
공포 통치로 찍어 누르며
유지되는 야쿱 벡 정권.

그러면 안 되남?!
이 동네 정권들은 1천 년 동안
다 그런 식이었구먼!!

종교적 권위도, 가문빨도 없는
외국인인 내가 위구르의
경모를 사는 길은 결국
칼의 길뿐이로다!!

이제 그 칼을 들고
카쉬가리아 북쪽으로 진격!
준가리아도 손에 넣는다!

북벌 ㄱㄱ!!

타르바가타이

고비사막

알마티   일리   우루무치   청진 정권

하미

카라샤르   투르판

우쉬투르판   쿠차

악수

카쉬가르   야쿱 벡 정권

야르칸드   타클라마칸사막

호탄

카슈미르   쿤룬산맥

1870년 말,
야쿱 벡은 우루무치의 청진 정권 정벌에 나서고―

238

1871년, 청진 정권을 멸망시키고
투르판과 우루무치를 점령.

이후로도 2년간
저항이 이어지지만
결국 평정했다!

청진 국왕 타명은 자결.

하라쇼~
하라쇼~

윙?

러시아!
급히 오다!

1871년 중엽, 일리 방면으로
밀고 들어오는 러시아군!

러시아령
카자흐스탄

알마티   러시아군   일리   우루무치

타슈켄트   투르판

러시아 보호국   우쉬투르판   카라샤르
코칸트   약수   쿠차

카쉬가르

파미르고원   야르칸드   타클라마칸사막

호탄

카슈미르   쿤룬산맥

1871년 6월, 러시아군이
무주공산인 일리 일대를 점령!

아니, 이런 골목 상권에
공룡 대기업이 밀고
들어오다니 양심 어디;

우라아~!
골목 장사
다 죽어라!!

망할 러시아 놈들, 모국 코칸트도
짓밟더니만 이제는 이 동네까지
집적대는구나;

여기서 잠깐,
이 시기에 이르기까지
러시아의 19세기 중앙아시아
침탈사를 되짚어 보도록
하겠습니다.

러시아의 19세기 중앙아시아 침탈사!

중앙아시아(서투르키스탄)의 광활한 초원 지대.
유목민들의 영원한 캠프장!

나는 유목민이다!

그중에서도 가장 넓은 황무지에서는
카자흐가 진짜 유목 생활하며
살고 있었고.

아래쪽, 농사도 좀 짓고 사는 땅에는
우즈벡 3국이 자리 잡고 있었습니다.

히바   부하라   코칸트

하지만 18세기,
준가르가
카자흐를 침공.

니가 유목을
그렇게 잘해?!

뻑

카자흐 인구의 3분의 1을 잃는
大피해를 입습니다!!

아, 차르 형!! 타타르 왜 저래!

카자흐의 칸들은 지푸라기라도 잡는 심정으로 근처 러시아에 도움을 요청.

이를 계기로 1731년과 1732년, 카자흐의 칸들은 러시아에 형식적으로 신속한다.

아, 근데 지금 차르는 형이 아니라 누나임. (안나 이바노브나 여제.)

ㅇㅇ, 차르 누나 나 죽어.

(그런데 어차피 20여 년 후 준가르는 청에 소멸당한다.)

이후 러시아는 카자흐의 초원으로 차근차근 거점을 만들고 농경지를 만들며 파고들어 오고.

루블화 달달하다~

오렌부르크

카자흐의 칸들은 교역 이익과 뇌물에 헬렐레 이완되어 갔다.

그러다가 1820년대,
나폴레옹전쟁을 끝마친 러시아가
카자흐에 주 단위 행정 구역들을 설정하고
러시아 관리들을 파견하기 시작!

군, 읍 단위에서의
카자흐 자치는
인정해 줄 테니
안심하세요.

아니,
애초에 유목 지대에
뭔 행정 구역;;

이에 반발한 카자흐는
봉기하지만—

자유 카자흐!
가자~! 흐!

(1840년대, 케네사리 칸의 항거 등이 거셌다.)

이미 기병 분야에서도 제국주의 국가들이
유목민들을 까마득히 앞섬.

카자흐랑
카자크 혼동하지
말아주세요~

카자크 기병;;

카자흐의 식민화는 순조롭게 진행된다.

이렇게 러시아는 1830년대 들어 카자흐 남부
시르다리야강을 따라 거점화 진군을 이어나간다.

러시아가 카자흐를 먹어 치우는 꼴을 보게 된
히바·부하라·코칸트의 우즈벡 3국은 크게 긴장했지만―

아무튼 자기들끼리 계속 싸워댔다.

이에 영국은 크게 우려.

뜬금없이 영국이 걱정해 주는 건 뭐임?

이러한 역사 전개라면 이 동네에 과부 이야기가 많아질 겁니다.

뭐, 흔히 말하는 그레이트 게임 이라는 거죠.

아싸~ ♪ 신이 난다! 아싸~ ♪ 재미난다! ♪ the 그레이트 게임!

GREAT GAME

인도로 오는 길을 막고자 하는 자!

인도로 가는 길을 뚫고자 하는 자!

옛날 옛적, 나폴레옹이
러시아 차르 파벨 1세를
꼬드긴 부분에서
영국의 기우가 시작되고.

다행히 파벨 1세가 암살당해
영국은 근심을 덜었지만.

나폴레옹전쟁기, 러시아가
코카서스 너머 동그루지아,
아제르바이잔으로
밀고 내려오는 걸
용납해야 했다.

그러다가 1837년, 친러파가 집권한 페르시아가
아프간의 헤라트를 침공하는 꼬라지가 벌어지고.

가라! 페르시아!
인도로 가는 빗장을
열어젖혀라!

러시아

카자흐

신강

청

오스만

페르시아   아프간

인도

영국이 우리한테
해준 게 뭐 있어.
헤라트 먹을 거야.

컥; 인도로 오는
현관문이 저긴가;;

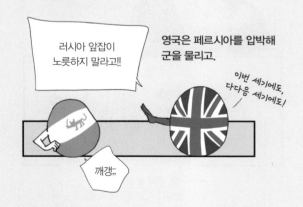

러시아 앞잡이
노릇하지 말라고!!

영국은 페르시아를 압박해
군을 물리고.

이번 세기에도,
다다음 세기에도!

깨갱;;

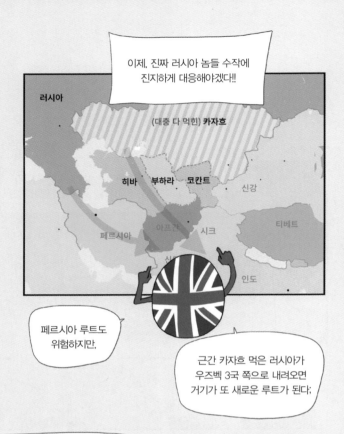

이제, 진짜 러시아 놈들 수작에
진지하게 대응해야겠다!!

러시아

(대충 다 먹힌) 카자흐

히바 부하라 코칸트

신강

페르시아

아프간

시크

티베트

인도

페르시아 루트도
위험하지만,

근간 카자흐 먹은 러시아가
우즈벡 3국 쪽으로 내려오면
거기가 또 새로운 루트가 된다;

So,
일단 히바가 러시아에 맞설 수 있게
지원을 제공하는 협상을 벌여볼까나~

—라는 영국의 속셈을
러시아 측에서 첩보로
알아냈다.

하, 영국 놈들이 히바를
똘마니 삼으려는 계획을?

1839년, 니콜라이 1세는 히바 침공을 명한다.

영국 놈들이 움직이기 전에 우리가 먼저 히바를 친다!!

히밤?!

아니, 아니, 갑자기 다른 나라를 다짜고짜 침공한다니, 명분 있음?!

어, 저 히바 놈들이 변경의 러시아인들 납치해서 노예로 팔아먹는 거 딱 걸렸어.

히바 놈들 인신매매 응징하고 우리 국민 구출하러 간다!!

들켰네, 히바;; 하지만 들어보세요.

음; 이건 태클 걸 수가 없네;;

근데 사실 120년 전에도
1천여 명의 러시아 원정대가
카스피해를 건너
히바로 향한 적이 있었다….

히바; 덥다;;

1717년

그리고 무더위와 식수 부족에 시달리다가ー

히바 칸의 계략으로 모조리 학살당해
전멸했던 아픈 기억이 있지.

히바~
히바~♬

이번에는 여름 무더위에 당했던
그 실수를 교훈 삼아
겨울에 작전을 펼친다!

1839년 11월,
오렌부르크에서
히바를 향해 병력 5천,
낙타 1만 마리의
원정대 남진 시작!

러시아

히바 부하라 코칸트

신강

그리고 1839~1840년 겨울,
중앙아시아 한복판에서 끝없는 폭설을 맞이한 원정대는

1천여 명의 병력과 낙타 9천 마리를 잃고
히바군은 만나보지도 못한 채
1840년 2월, 철군한다.

뭐지 저건?
상남자 과시??

이 그레이트 게임은
번뜩이는 두뇌 싸움보다는 대체로

'누가 누가 더 뻘짓 하나' 게임으로
진행되는 경향이 있었지요….

굽씨의 오만잡상

16세기, 중세 중앙아시아 최강 최대 세력이었던 티무르제국을 멸망시킨 우즈벡. 그들은 오늘날의 우즈베키스탄 지역인 트란스옥시아나에 자리 잡고 강력한 국가들을 건설합니다. 그들이 바로 우즈벡 3국!

그중 티무르제국의 수도였던 고도 사마르칸트를 차지하고 트란스옥시아나의 한가운데 자리한 국가가 부하라 에미르국이었습니다. 칭기스칸 씨족인 보르지긴 혈통을 내세워 부하라 칸국을 세웠던 샤이반 가문은 18세기 페르시아의 침공 등으로 왕권을 잃게 됩니다. 그 자리를 차지한 망기트 가문이 이슬람적 근본을 중시하면서 에미르를 자처, 결국 부하라는 칸국에서 에미르국으로 변모합니다. 부하라 에미르국은 화려한 건축 등 수준 높은 문화적 성취를 이루어 우즈베키스탄 문화의 근본을 자처할 만한 국가로 발돋움하지요.

그 서쪽 호라즘 지역에서는 우즈벡이 페르시아를 몰아내고 히바 칸국을 세웁니다. 히바 칸국을 다스린 아랍 샤히드 왕조는 부하라 칸국과 마찬가지로 샤이반 가문이었고, 칸 지위의 정통성 면에서 가장 근본 있는 가문임을 내세웠습니다. 히바 칸국은 남쪽 투르크멘의 영역까지 다스리며 꽤 강대한 세를 자랑하기도 했지만, 이웃 부하라 칸국/에미르국 및 남쪽의 페르시아와 끝없이 싸워야 했고, 때로는 그들에게 항복하고 고개를 조아려야 했습니다.

우즈벡 3국의 제일 동쪽 페르가나계곡에서는 18세기 초, 지역 토호였던 샤룩 벡이 부하라 에미르국에 독립을 선언하고 코칸트 칸국을 세웠습니다. 코칸트 칸국의 밍 왕조는 자신들이 티무르제국의 혈통을 이어받았다고 주장했지만 근거가 없었습니다. 게다가 그 지역에는 우즈벡 외에도 타지크, 키르기스, 카자흐가 섞여 살았던 지라 근본력에서 우즈벡 3국 중 가장 딸린다고 할 수 있겠습니다. 코칸트 칸국은 위치상 청나라와 교류하며, 카쉬가리아의 이권에도 손을 뻗쳤습니다. 아이러니하게도 코칸트 칸국의 수도였던 타슈켄트가 훗날 우즈베키스탄의 수도가 되니, 결국 우즈벡 3국 근본력 대결의 최후 승자가 되었다고도 볼 수 있겠지요.

이들 우즈벡 3국은 서로 계속 전쟁을 벌일 뿐 아니라, 각국 내부에서도 정변이 이어졌습니다. 그러다가 19세기 후반 모두 러시아에 흡수당합니다. 히바 칸국과 부하라 에미르국은 명목상으로나마 칸과 에미르가 존속되었지만, 코칸트 칸국은 러시아령 투르키스탄으로 편입되었지요.

이후 1920년대 러시아혁명과 함께 우즈벡이 살고 있는 영역은 우즈벡 소비에트 사회의주의 공화국으로 통합 정리되고, 투르크멘, 타지크, 키르기스의 영역은 분리됩니다. 그렇게 서투르키스탄 여러 민족의 경계선이 정리되고, 1991년 소련 붕괴와 함께 공화국은 우즈베키스탄으로 독립해 오늘에 이르게 됩니다.

제 1 2 장

투르기스탄 남벌

구분							
세계	1853년 크림전쟁 발발	1857년 세포이 항쟁	1862년 사이공조약	1865년 파머스턴 수상 사망		1870년 보불전쟁 발발	
중앙아시아	1842년 카불 참사			1865년 타슈켄트 함락	1868년 코칸트·부하라, 러시아에 복속	1871년 러시아, 일리 점령	
신강				1864년 신강 위구르 봉기	1867년 야쿱 벡, 카스가리아 석권	1871년 야쿱 벡, 우룸무치 점령	
청	1850년 태평천국 봉기	1860년 2차 아편전쟁 종결 섬감 동간혁명	1862년	1864년 태평천국 멸망	1868년 염군 소탕		
조선			1862년 진주민란	1864년 고종 즉위	1866년 병인양요	1871년 신미양요	
일본	1853년 흑선내항				1868년 메이지 정부 수립		

영국 장교들의 설득에 히바의 라힘 쿨리 칸이 러시아 노예 416명을
모두 풀어주자, 셰익스피어 중위는 그들을 데리고
러시아 전진 기지인 오렌부르크로 입성.

자, 러시아 노예들 해방되었으니
억류한 히바인들도 풀어주시오!

우와···   이에 러시아 측도 히바인들을 석방.

이 공로로 셰익스피어 중위는
니콜라이 1세에게 포상을 받는다.

뭐, 일단 러시아인들
구출해 온 공은 공이니까···.

그렇게 히바는 당분간 러시아의 마수에서 안전해지고.

이 게임에서 보기 드문
영리한 수였지요. ㅎ

으.

원, 히바도 저희 조언 덕분에 러시아의 침공을 면했습니다요!

이 성과에 만족한 영국은 부하라에도 장교들을 보내는데─

부하라도 러시아 노예들 풀어주면 어떻겠습니까?!

히바   부하라   코칸트   청

페르시아   아프간   시크   티베트

오스만

신드

영국령 인도

1842년, 부하라의 에미르 나스룰라는 영국 장교 2명의 목을 날려버린다.

스토다트 대령   코널리 대위

양놈들이 건방지게 이래라저래라야!!

으어; 저 동네로는 사람
더 보내면 안 되겠다;;

저 오지 투르키스탄보다는
가까운 아프간 문제에 집중하자.

1839년, 영국은 아프간의 샤 도스트 무함마드를
영국 편으로 끌어들이려고 협상 중이었는데─

내가 러시아랑
붙어먹는 꼴 보고 싶지 않으면
시크교 놈들이 차지하고 있는
페샤와르 떼 주시오!!

러시아

코칸트

청

페샤와르

페르시아

아프간

시크

티베트

오스만

신드

영국령

도스트 무함마드

뭐 이 샤캬?!

인도 총독 오클랜드 백작

저 인간 건방져서
안 되겠네!

258

1839년, 영국은 냅다
아프간을 침공해 카불을 점령,
도스트 무함마드를 폐위시키고
영국으로 압송.

가서 미술관
도슨트 취직
하시죠.

영국의 꼭두각시
샤 슈자를
권좌에 올린다.

그러다가 1841년 말,
아프간 각지에서 대규모 반영 봉기 발발.

토미 고 홈!!

**도스트 무함마드의 아들
아크바르**

카불 주둔 영국군은
기세에 압도당하고.

ㅇㅋ; ㅇㅋ;
무사히 집에만
보내다오;

1842년 1월, 아프간군과의 협상 결과,
카불의 영국군 4,500명(그중 3,800명이 세포이)과
그에 딸린 민간인 1,400여 명이 철수 길에 나서는데-

카불 → 140Km

잘랄라바드

놈들 요구대로
인질을 남기고 왔으니
무사히 돌아갈 수 있겠지?

아프간 부족들이 약조를 어기고 철수 대열을 습격.

크억! 너네
뭐냐?!

아프간 청춘이다!!

영국군 일행은 전멸하고 의사 1명만이 살아남아
잘랄라바드에 도달하게 된다.

예??!?
1만 8,500명이
전멸요?!

잡힌 사람들은 다
노예로 팔려감;;

이 사건은
다음 세기 전까지
근대 영국군 최악의
참사로 기록되죠.

근데 사실 희생자의
80% 이상은
인도인이었다고;;

으억ㅋㅋㅋㅎㅋㅎㅋㅋ

이 카불 철수 참사의
기억이 훗날의
세포이항쟁에 영향을
미쳤다고도.

개폐급 영국 장교 놈들
때문에 세포이들이
개죽음당했잖아….

1842년, 영국은 보복 원정대를 파견해
문제의 아프간 부족들을 학살하고,
카불을 불태워 버린다.

인성 대결 한번
해보자 이거지!?

호다닥~

어휴, 우린 저런 등신짓
하지 말아야지. ㅋㅋ

화풀이는 그리했지만, 결국 영국은
도스트 무함마드를 복위시키는 걸로 전쟁을 마무리.

러시아 편
안 들 테니 안심하세요. ㅎ

아프간 산골 지옥은 그냥 대충
중립 지대로 놔두는 게 상책이다;
어차피 러시아가 먹지도 못할 거고.

사실 저런 깡촌에
누가 관심이나 주겠습니까?!
이 시기 중국에서는 역사적으로 훨씬 중요한
1차 아편전쟁이 진행 中이었는데!

1차 아편전쟁
1839~1842년

한편 러시아는
카자흐 반란들을 진압하며
1840년대를 보내고 있었고.

영국 놈들은 전쟁 2개를
동시에 치른 건가?!

영국은 신드 왕국과 시크 왕국을
합병하며 1840년대를 보냈지요.

앞으로는
대영제국을
위해 일해라!!

쉬익;;
쉬익;

이로써 대충 오늘날의
파키스탄 영역이 다
영국령으로 정리된다.

러시아

히바 부하라 코칸트   청

페르시아   아프간   시크   티베트

오스만

신드

영국령 인도

그리고 1850년대로
넘어가면서는—

뭐, 이건 3권에서 대충
다뤘던 부분인 거 같고요.

근데, 이렇게 진짜 전쟁으로 붙었을 때
발생한 엄청난 피해 규모에 놀라서
이후 그레이트 게임이 실전을
피하는 방향으로 전개된 측면도.

아무튼 결국
유럽은 영·불만이
영원한 일진이다!

1856년, 러시아의 패배로 전쟁이
끝나면서 러시아는 당분간 쩌리로
찌그러져 있어야 했다.

후, 러시아는 당분간
신경 안 써도 되겠지;

이후 1857년,
세포이항쟁 발발.

1856~1860년의
2차 아편전쟁 등으로
1850년대도 바쁘게
보냅니다.

아, 그 와중에 1856년,
영국—페르시아전쟁으로
페르시아의 동진 몽상을
확실히 치료해 주기도 하고.

핵, 핵 미사일이
필요하다!!

일단은 크림전쟁 패배로 하락한 러시아의 티어를 복구하는 데 조용히 노력을 기울이고 있습니다.

외무장관 알렉산드르 고르차코프   알렉산드르 2세

걍 그레이트 게임 속개해 중앙아시아에서 인도 쪽으로 밀고 내려가 영국을 압박해야 우리 위신이 복원되지 않을까?

ㄴㄴ
현 영국 총리인 파머스턴 자작이 좀 위험한 인간인지라;; 당분간은 몸 사리는 게 상책입니다.

러시아는 악의 제국이드아아~

아;

일단 유럽 정치 구도 흔들기를 위해서, 주러 프로이센 공사 비스마르크와 슬쩍 의기투합하기도 하고.

나중에 한번 크게 흔들어 볼랑게요.

266

푸차틴 제독이나
이그나티에프 같은 말들을 움직여
극동에서 전개되는 새로운
국면들에 포석을 놓아도 보고요.

그 와중에 이그나티에프가 2차 아편전쟁
정산에 참여해서 흑룡강 우안과 연해주를
따온 건 진짜 신의 한수였지요. ㅎ
(4권 참조.)

그리고
카자흐스탄에서 열심히 밭을 갈며
남쪽 시르다리야강을 따라
요새들을 하나씩 세워나갑니다.

러시아

시르다리야강 라인

히바 부하라 코칸트

청

오스만

페르시아

아프간

시크

티베트

이리 코앞까지 다가온
러시아에 우즈벡 3국 긴장.

신드

ㄷ ㄷㄷ ㄷ ㄷㄷㄷ

영국령 인도

히바

부하라

코칸트

이 러시아 전초 기지들과 코칸트는
1850년대부터 조금씩 투닥거리며
소규모 실랑이를 이어왔고.

즈드라스트부이쩨!

우리가 청나라도
굴복시킨 코칸트인데!
얕보지 마라!!

야쿱 벡도 그 실랑이 중에
러시아군에게 패한 경험이 있다.

1860년대 들어서는 –

그레이트 게임 어쩌고 하는 걸 떠나.

미국 남북전쟁으로 세계 면화 가격 대폭등인데
얼른 저 투르키스탄의 면화 지대를 먹어서
이득을 취해야 하지 않겠습니까?!!

이그나티에프

아니. 아직 때가 아니야.
섣불리 남진을 시작해서 영국을
자극할 필요 없다.

상트페테르부르크는 아직 신중 모드였지만, 현지 지휘관들은 모험주의에 불타올라—

코칸트 내부 정치의 혼란으로 고도 타슈켄트 진입의 기회가 열렸다?!

전초 기지 지휘관 체르니예프 장군

크악!! 세금 폭탄에 타슈켄트 경제 다 죽는다!! 독재자 알림 쿨리 몰아내고 True 칸 모셔오자!

부하라와 내통하는 앞잡이 놈들 머리를 다 쪼개버리겠다!!

그래! 우리가 타슈켄트를 해방시켜 주겠습니다!!

음? 러시아 놈들이 갑자기 미쳤나?

1865년 5월, 체르니예프는 1,300명의 병력으로 타슈켄트 급습.

타슈켄트 수비 병력은 3만~3만 6천.

병력 차에도 불구, 체르니예프의 지략과
무기의 월등한 성능으로 코칸트군이 깨져나가고.

코칸트 지도자
알림 쿨리 전사!

타슈켄트
점령 성공!!

남벌의 화려한
시작이다!!

타슈켄트 함락과 뒤이은 정치 혼란으로
코칸트는 반쯤 망했고.

야쿱 벡

운 좋게도 반년 전에
신강으로 파견 가서
화를 면했지요.;;

현지 지휘관이 멋대로 군을 움직여서 코칸트, 부하라와 전쟁이 터질 참인데요;;

영국을 자극하게 될 것이 심히 우려됩니다;;

이에 상트페테르부르크에서는—

아니, 잠깐.

파군성이 흔들리며 서쪽으로 떨어지고 있다!!

이는 필경 파머스턴의 죽음을 알리는 징조!!

(1865.10. 파머스턴 사망.)

러시아

몽골

타슈켄트
히바   부하라   코칸트   · 신강 봉기 제세력

티베트

1866년, 러시아군은 타슈켄트 점령을 공고화하며 남진.

영국령 인도

러시아의 타슈켄트 점령에 항의해
부하라군이 공격해 왔지만,
1866년 일련의 전투에서 대패.

1867년에는
투르키스탄 총독부가 설립되어
카우프만 장군이 총독으로 부임.

콘스탄틴 폰 카우프만

영광된
차르의 신민~

1868년에는 결국 코칸트와 부하라가 나란히 항복하고
투르키스탄 총독부 관할 속국으로 전락하게 된다.

러시아

카자흐

몽골

(히바는 아직 명줄이
약간 더 남아 있다.)

히바　부하라　코칸트　·신강 봉기 제세력

페르시아　아프간

티베트

영국령 인도

이런 히바;;

& 서투르키스탄을
대충 정리하고 보니-
동투르키스탄(신강)이
지금 무주공산이라지?

누구 맘대로
무주공산이여?!
반란지 엿보지 마라!!

러시아

카자흐

몽골

러시아의 시선이 슬슬 신강을 향하기 시작한다.

일리
우루무치
야쿱 벡 정권

히바　부하라　코칸트

페르시아　아프간

티베트

영국령 인도

러시아 권역과 야쿱 벡 권역의 경계에서
크고 작은 실랑이가 벌어지기 시작하고.

크웃, 러시아 놈들,
우리 조국을 잡아먹고
이제는 이곳까지 노리는가;

너네도 남의 땅 와서
상전 노릇하고 있잖아요?

흠, 청나라 강역을
불법 점거해 지배 중인
우즈벡 출신 야쿱 벡이라?

생판 외지에 저리 빨리
자기 왕국을 건설하다니
수완이 좀 있나 보군?

뭐, 딱히 대단한 인물은 아니고
그냥 때와 장소를 잘 만난
행운아일 뿐입니다.

뭐, 저리 근본 없는 야쿱 벡 정권이
남은 신강 땅 다 먹기 전에
우리도 숟가락 좀 얹어봐야겠다.

1871년, 야쿱 벡의
우루무치 원정 타이밍에
러시아군도 동진 시작!
일리 점령!

러시아령
카자흐스탄
타르바가타이
알마티   러시아군 일리
우루무치
야슈켄트
투르판
카라샤르   야쿱 벡
러시아 보호국   우쉬투르판
코칸트   악수   쿠차
카쉬가르
파미르고원   야르칸드
타클라마칸사막
호탄
카슈미르

일리는 멸종 위기
희귀종인 일리우는
토끼의 고향이죠.
일명 피카츄토끼.

러시아 놈들이
결국;;;

아무튼, 여기까지가 그레이트 게임의
큰 그림 속에서 러시아가 이 동네에
집적거리게 된 이야기입니다.

제13장

ㅇㅈ, ㅇㅈ, ㅇㅈ

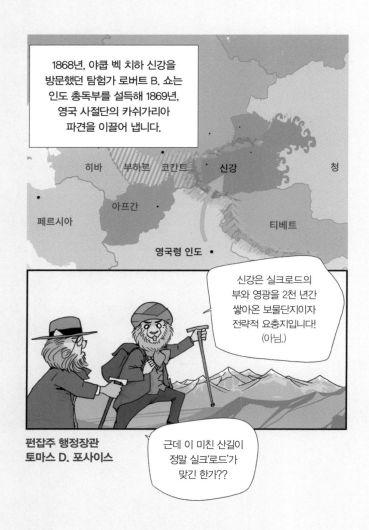

1868년, 야쿱 벡 치하 신강을 방문했던 탐험가 로버트 B. 쇼는 인도 총독부를 설득해 1869년, 영국 사절단의 카쉬가리아 파견을 이끌어 냅니다.

히바   부하라   코칸트   신강   청

아프간

페르시아   티베트

영국령 인도

신강은 실크로드의 부와 영광을 2천 년간 쌓아온 보물단지이자 전략적 요충지입니다! (아님.)

펀잡주 행정장관
토마스 D. 포사이스

근데 이 미친 산길이 정말 실크'로드'가 맞긴 한가??

하지만 사절단이 왔을 때, 야쿱 벡은 북부 우루무치 원정 중이었던지라 영국 사절단은 그를 만나지 못하고 그냥 돌아온다.

FUN JOB!!
즐거운 직업!

인도 총독부 펀잡주
행정장관 포사이스
편장편잡 인도인도
070 8484 1515

명함 놓고 갈 테니 나중에 연락 주세요.

이에 1871년, 야쿱 벡은 인도의
영국 총독부로 외교 사절단을 파견.

캘커타 인도 총독부

헬로~ 우리 주군께서
영국 여왕 폐하와 총독 각하께
보내는 친서입니다~

시골 군벌 두목이
귀염 떠는 거 보소. ㅋ

인도 총독 메이요 백작

인도 총독부와 야쿱 벡 정권 간에 교섭이 진행된다.

교역할 거리가
있을지 모르겠지만
일단 무역도 좀 트고,
사람도 좀 왕래하고 합시다.

ㅇㅇ, 그리고 인도에서
무기 좀 구입할 수
있도록 해주세요.
(외상도 가능하도록.)

야쿱 벡 정권과 영국 측의 교섭은
러시아 정보망에도 포착되고.

이것들이 어느새
콘택을?!

투르키스탄 총독부
카우프만 총독

1860년대 말, 코칸트를 속국화한 러시아는
코칸트를 조종해 야쿱 벡을 공격해 보려고도 했고.

코칸트를 통한
교섭 시도는 무산.

280

뭐, 그러면
불안정한 경계선 너머의
불안정한 세력을 견제하기
위해 직접 움직여 볼까나.

1871년 야쿱 벡이 우루무치를
점거하며 북진해 오자,
러시아는 일리 점령으로 대응.

헐…

카자흐

몽골

히바

부하라 코칸드

야쿱 벡 정권

일리

우루무치

청

섬감 동건
혁명 지대

아프간

티베트

영국령 인도

이제 어째야 할까나…

카쉬가리아로 확 밀고
내려가서 야쿱 벡을 절딴 내고
신강을 우리가 먹어야 할까?

제국주의
빠위!!!

카쉬가리아

으아!
날강도다!

아니,
당신도 남의 땅
뺏은 거잖아….

근데 그랬다가는
중국이 발작하겠지….

아이고! 동네 사람들!!!
우리 땅에서 반란 좀
일어났다고 낼름 스틸하는
미친 낼름보 날강도
러시아 좀 보소!!

일리 먹을 때도
노발대발했어….

그리고 **영국**은
반드시 그 정황을
이용하겠지.

어휴, 저거 참
못된 놈이네요~ ㅋ
다 함께 응징 ㄱㄱ?

So, 신강에 대한
더 이상의 군사적 어프로치 금지!

휴우~

쩝, 한 입 거리인데….

저 한 입 거리 먹어봤자,
어차피 그레이트 게임에
유리할 부분이 없다고.

저 황무지 카쉬가리아는
다른 지역들과 무시무시한
산맥들로 막혀 있는
고립 지대—
타림분지.

몽골

러시아령
카자흐
&투르키스탄   일리

히바   톈산산맥

파미르
고원   타림분지

페르시아   야쿱 벡 정권

아프간   카라코람산맥   티베트고원

힌두쿠시산맥

영국령 인도

청

러시아에서 인도를 향한
접근로로서 신강의
전략적 가치는 무쓸모;;

19세기 기술로
저걸 뚫는 루트
건설은 절대 무리고;

저 카라코람산맥을 뚫고 신강 쪽에서
남아시아로 접근하는 통로는 21세기에 들어서야
중국–파키스탄 경제회랑(CPEC)으로 실현된다.

물론, 21세기 기술로도
꼬불꼬불한 산길을 트럭들이
힘겹게 넘어가는 게 고작이죠.

그럼 혹시 야쿱 벡 정권이
러시아령 투르키스탄 쪽에
위협 요소가 될 가능성은?

일어나라!!
우즈벡 동포들이여!!
알라의 이름으로
로스께를 몰아내자!

지하드!!

-라는 망상 따위
할 리가 있겠습니까;;

그저 이 고립된 분지에
쳐박혀 조용히 숨만 쉬며
사는 게 소원입니다;;

So, 신강은 먹을 가치도
칠 명분도 없는 동네.

너무 각 세우다가 저것들이
영국 편에 붙으면 귀찮아질 뿐이니,
우리가 먼저 교섭해서 대충 화친하도록.

늬예~ 늬예~

1872년,
투르키스탄 총독부는
카쉬가리아에 사절단 파견.

예전에 이 지역에서 러시아와
청나라가 맺은 쿨자조약 내용을
그대로 계승하는 걸로.

ㅇㅋ, ㅇㅋ.
그러면 이쪽을
실체적 정권으로
인정해 주는 거죠?

1872년 6월, 러시아와
야쿱 벡 정권 간에
무역협정 성립.

자유 무역,
고정 관세.

ㅇㅈ, ㅇㅈ.

그리고 카쉬가리아에
러시아 상관 설치.

무역대표부죠.

1873년, 영국도
포사이스가 이끄는
사절단을 다시 파견.

하, 러시아 놈들이
선수를 쳤나.

아, 근데 등산은 이제
도저히 무리다;;;

1874년 2월,
영국과 야쿱 벡 정권 간
무역협정 체결.

내용은 대충
러시아 꺼랑 동일하게.

어쩌니저쩌니해도
결국 러시아보다는
영국이랑 친해얍죠. ㅎ

그리고 영국도 카쉬가르에
무역대표부를 설치했는데.

무역대표부 대표를 임명해
상주 공사로 기능토록 했다!
외교관 감투 획득!!

무역대표부 대표 로버트 B.쇼

이를 두고 오늘날의 중국 역사 교육은―

저거 봐라! 야쿱 벡은 결국
영국 제국주의 앞잡이였을 뿐!

또는 신강을 영국과 러시아의
각축장으로 만들었을 뿐!

고로 야쿱 벡 정권 타도와
신강 탈환은 반제 투쟁
성격을 갖는다!!

―라는 무리한 관점을 메인에 둠.

아무튼 이렇게
러시아와 영국, 두 제국 사이에서
어찌어찌 무해한 완충지
콘셉트로 포지셔닝 성공!

더군다나 세계 최강대국들에
신강을 지배하는 실체적 정권으로
인정받았다!

하지만 양놈들의 인정이
이 위구르에게는
별 의미 없는듯….

저 우즈벡 놈은 쓸개도 없나.
자기 모국 박살 낸 러시아에
굽신거리네~ ㅉㅉ

영국 이교도 놈들 상주를
허가하면서 뭔 독실한
무슬림 코스프레냐.

이들에게
진정 인정받기 위해
필요한 권위는−

코스탄티니예(이스탄불)에서
찾아야 한다!

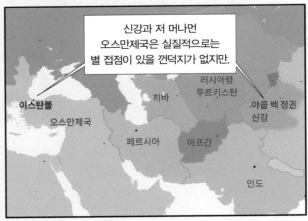

신강과 저 머나먼
오스만제국은 실질적으로는
별 접점이 있을 껀덕지가 없지만.

이스탄불

오스만제국

히바

러시아령
투르키스탄

.야쿱 벡 정권
신강

페르시아

아프간

인도

코칸트의 외교 사절로 이스탄불을 방문했던
사이드 야쿱 한은 코칸트가 반쯤 망하자
야쿱 벡 정권으로 말을 갈아타고—

원, 러시아의 침탈로
투르키스탄의 이슬람
세력들이 쏠려가는
와중에,

이스탄불 고위층에
야쿱 벡 정권을 홍보.

동투르키스탄에서는
야쿱 벡 장군이 놀라운 지도력으로
강력한 신생 이슬람 국가를
건국했습니다요!

1873년, 책봉 공작에 성공한다.

야쿱 벡을 그 동네
에미르로 책봉하노라.

성은이
망극하옵니다~

…가지가지
한다….

오스만 제국 황제
압둘아지즈

나라 이름은
'카쉬가리아'와 '화령'
둘 중 뭘로 할까요~

보아라!
위구르 백성이여!
오스만 황제 폐하의 정식
에미르 책봉 문장이다!

내가 카쉬가리아 무슬림들의
수호자임을 이슬람 세계
최고 권위로 인증받았노라!!

와~
대다나다~

그리고 다시
주청사를 보내
에미르 군위를 물려줄
아들래미의 세자 지위도
인정받았지요.

이걸로 우리 집안도
드디어 로열 패밀리
입갤이다~

고마워요,
아빠!

장남 벡 쿨리   차남 학 쿨리

그리고 당시 오스만제국은 탄지마트개혁으로
서양식 군대를 양성한 노하우가 있었으니.

탄지로 마트
양식 호흡!

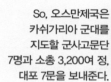

So, 오스만제국은
카쉬가리아 군대를
지도할 군사고문단
7명과 소총 3,200여 정,
대포 7문을 보내준다.

투르키스탄 지역은
투르크족의 발원지라던데.

오, 범투르크주의
마렵다.

이렇게 야쿱 벡 정권은
거대한 세 제국의
승인을 받은 것입니다!!

ㅇㅈ!

ㅇㅈ!

ㅇㅈ!

인정 투쟁 승리!!

인정 넘치는
카쉬가리아
에미르국의 미래!

러시아제국 ㉿
대영제국 ㉿
오스만제국 ㉿

카쉬가리아 국제 인증
[설정]으로 이동하여 카쉬가리아를 국제 인증합니다.

…가장 중요한 제국을 하나
빠뜨린 것 같은 기분이지만
뭐 상관없어….

러시아제국 ㉿
대영제국 ㉿
오스만제국

• • • • •

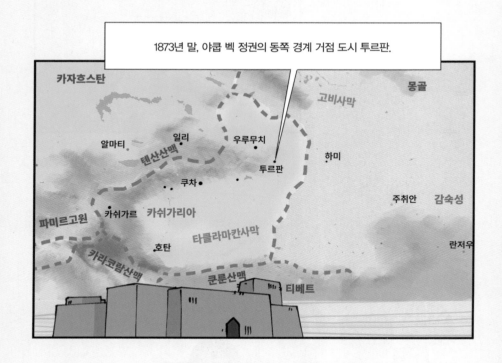

1873년 말, 야쿱 벡 정권의 동쪽 경계 거점 도시 투르판.

음? 동쪽에서 뭐가 몰려오는데?

청군이라도 쳐들어오나?

아니, 청군이
아니라;

섬감의 둥간
패잔병들이야!

1873년 말, 둥간군 도주 세력 1~3만
투르판으로 망명!

카자흐스탄

알마티 · 일리 · 우루무치
텐산산맥 · 하미
투르판
쿠차 ·
주취안 감숙성
파미르
카쉬가르 카쉬가리아
호탄 · 타클라마칸
란저우
둥간군의
카쉬가리아行 패주

카라코람산맥
쿤룬산맥
티베트

님들은 섬서,
감숙에서 청조에 맞선
치열한 투쟁으로 칭송받던
그 둥간군이 아니더이까.

크흑;
그 10년의 투쟁은
결국 패배로 끝났소.

투르판 사령관 하킴 한   둥간혁명 지도자 백언호

1862년 섬서, 감숙의 회족들이
들고일어난 둥간혁명!

1867년, 좌종당이 총독으로 부임해
강력한 진압 작전을 전개하고.

느그 알라가
반란질 하라더냐?!

관군과 한족 민병대의 학살에 맞서
둥간군은 끈질기게 저항해 나갔습니다만.

느그 천자가
양민 학살하라더냐!?

결국 10여 년의 항쟁 끝에
수십만 회족이 목숨을 잃었고,
수백만이 고향에서
추방되었습니다.

1873년, 섬감 지역
평정 완료.

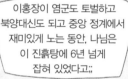

이홍장이 염군도 토벌하고
북양대신도 되고 중앙 정계에서
재미있게 노는 동안, 나님은
이 진흙탕에 6년 넘게
잡혀 있었다고;;

어; 그러면 청군이
이제 카쉬가리아로
쳐들어오려나요?;;

그게,
청 조정 내에서도
꽤 논쟁 중이라고
하던데요.

신강 정벌을 놓고 청 조정에서
1년 넘게 벌인 논쟁의 전말은
이미 10권에서 다루어 모두 알고 있지요.

内陸 방어!
새방!

바다 방어!
해방!

1875년 5월,
조정은 좌종당을
신강 평정을 위한
신강군무 흠차대신에 임명.

천조의 강역은 단 한 치도
작아질 수 없다!!
Nonfree Uyghur!!!

이야기는
이제야 슬슬
메인 타임라인을 따라잡아
진행되겠습니다!

굽씨의 오만잡상

18세기 유럽 학자들은 언어적 유사성으로 여러 어족을 분류했고, 같은 어족에 속하는 민족들은 대충 비스듬한 근본을 가진 사촌일 것으로 생각했습니다. 이런 맥락에서 19세기 핀란드의 민족주의적 학자들은 핀란드의 근본이 저 멀리 극동에 있는, 시베리아부터 중앙아시아까지 이어진 크고 아름다운 것이라 주장했습니다. 크고 아름다운 근본, 즉 투란은 고대 페르시아에서 서북방 유목 민족들의 땅을 일컫던 말로, 우랄-알타이어족 문화권을 뜻하지요. 이 투란 세계관에서 우랄-알타이어족 형제 민족들은 서쪽으로는 핀란드와 헝가리부터 터키와 중앙아시아, 시베리아를 거쳐 동쪽으로는 몽골과 만주, 한국과 일본까지 유라시아 북부 전체에 퍼져 있습니다. 그런데 과학이 발달하며 우랄-알타이어족 가설은 신빙성이 없는 것으로 밝혀졌습니다. 이 때문에 투란 세계관은 환빠 비스듬한 것으로 여겨지고 있지요. 하지만 관련 연구가 미진했던 19세기와 20세기, 유라시아의 서쪽 끝부터 동쪽 끝까지 수많은 사람이 투란 세계관에 심취해 범투란주의 운동에 나섰습니다. 작고 소수인 우리가 사실은 대단히 크고 아름다우며 근본 쩌는 패밀리의 일원이었다ㅡ 라는 이야기는 확실히 매력적이지 않습니까. 범투란주의는 19세기 핀란드와 헝가리에서는 민족 정체성 확립에 쓰였고, 같은 시기 오스만제국에서는 범투르크주의의 형태로 전용되어 중앙아시아 형제들에 대한 영향력 확대의 명분이 되었습니다. 야쿱 벡의 외교 사절이 이스탄불에 이르렀을 때 터키인은 위구르를 형제라고 인식했겠지요. 20세기 초 일본에서 범투란주의는 일본제국 확장의 여러 미사여구 중 하나로 소비되기도 했습니다. 한반도와 만주, 일본은 투란 세계관의 형제들이니, 가장 출세한 일본제국이 극동의 패밀리를 이끌어야 한다는 거죠. 실제로 범투란주의의 맥락에서 일본과 터키, 헝가리, 핀란드 사이에 기이한 친근감이 형성되었고(헝가리 왕실과 일본 황실의 인적 결합까지 주장된 바가 있다고), 오늘날까지도 서로 형제국이라 일컫는 근본 없는 전통을 남겼습니다. 우리나라에서 고구려와 돌궐 관계까지 거슬러 올라가 짚으며 터키와 서로 형제국이라 일컫는 것 또한 범투란주의의 맥락에서 이해될 법한 일이겠습니다. 뭐, 그런 수사적 영역에서의 범투란주의 드립이야 재미로 던질 수 있지만, 아예 환빠, 유사 역사학과 밀착한 경우에는 그 해악이 적지 않습니다. 아리안, 아랍, 한이라는 거대 가문들 곁에 붙어 있는 작고 고립된 민족들이 다른 거대한 족보를 갈구함은 어쩌면 자연스러운 일일 수도 있겠습니다만, 어쩌니저쩌니해도 결국 우랄-알타이어족 가설은 학술적으로 폐기된 개념. 우리는 근본 쩌는 거대 패밀리의 일원이라는 환상보다는 고립된 소수로서 근본 없는 유니크함을 즐기며 살아가야 하지 않을까요.

새벽 가로수길

1875년부터 1876년 봄까지 1년간 좌종당은 섣불리
군사 행동에 나서지 않고, 신강 원정 준비에만 몰두한다.

신강 수복, 무엇을 할 것인가?

일단 가장 중요한 건
저 머나먼 신강까지의
보급이야! 보급!

신강

화북

화중

감숙

화남

화북, 화중, 화남에서 모은
물자와 인력을, 전란으로 폐허가 된
감숙을 거쳐 신강으로 실어 날라야 한다.

그리고
이런 건 역시 민간에
맡기는 게 효율적이지.

호 사장, 양심적인 업자들
불러 모아서 보급과 물류 좀
잘 처리해 주시오.

거상 호설암

맡겨만
주십시오~ ㅎㅎ

중원 각지의 물류가 감숙의
청군 전진 기지로 밀려들어 왔고.

곳곳에 물류, 물자 집적 기지가 세워진다.

로켓 배송,
아니 포탄 배송
부탁해요.

해안 도시에서 서쪽 내륙까지 무기, 탄약을
운송하는 일에 너무 많은 시간과 비용이 소모되자,
아예 감숙에 무기 공장을 세워버린다.

전란으로 황폐해진
감숙 부흥을 위한
나름의 조치일지도.

뭣보다 중요한 게, 감숙에서 신강까지 이어지는 제대로 된 도로 건설이지!

준가리야
하미
카쉬가리아
주취안
감숙
란저우

감숙과 신강을 연결하는 도로가 정비되고 그 길 양옆으로는 포플러가 가로수로 줄줄이 식재됩니다.

이때 심은 가로수들이 오늘날까지 남아 있다고.

총원 6~8만에 달하는 병력이 1년간 대기 중인 각지의 주둔지에서는 둔전을 실시해 자급자족을 꾀함.

이 황무지에서 농사가 잘될 리 없는데, 성과 보고는 뻥을 좀 많이 쳤다.

그 밖에 민사 작전을 위해 친청파 무슬림들을 군에 등용하는 등 지역 여론전도 준비.

술이랑 돼지고기 보급하면 안 돼요~

물론 이런 성대한 준비는 그만큼 예산을 물 쓰듯 해 가능한 것이었기에—

조정과 각 성에서 1천만 냥을 뜯어내고,

HSBC 등에서 외채 1,375만 냥을 들이고,

HSBC ATM

국내 상인들에게서 846만 냥을 빌리는 등.

탕진잼!!

크윽!!! 저 돈이면 일본 해군 전체를 3번 살 수 있을 텐데!!!

이러한 청군의 움직임에
야쿱 벡도 긴장하고.

어리석은 중국 놈들;
새방보단 해방이
중한 것이거늘;

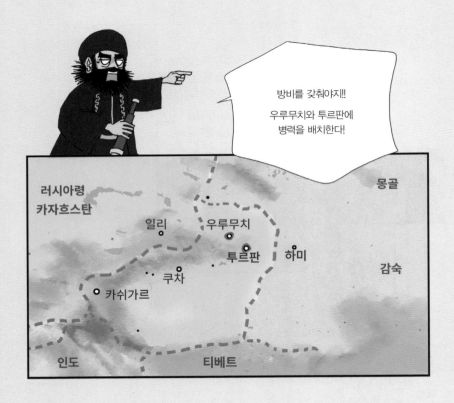

방비를 갖춰야지!!!
우루무치와 투르판에
병력을 배치한다!

러시아령
카자흐스탄

몽골

• 일리   • 우루무치

투르판   하미

감숙

• 쿠차

○ 카쉬가르

인도   티베트

투르판에는
위구르 호족 하킴 한이 이끄는
위구르병을 배치.

우루무치에는
망명해온 백언호가 이끄는
둥간군을 배치.

도망쳐온
이 땅에서 다시
청군 놈들과 맞붙는다!

하지만 외지인 장교단이 이끄는
정규 병력은 북쪽 준가리아에
전진 배치하지 않고
남쪽 카쉬가리아에 남겨둔다.

카쉬가리아 정규군 약 3만.

오, 적을 사막 깊숙이 끌어들여
싸운다는 전략인가!

아무튼 ㅇㅋ!!
우즈벡이든, 위구르든, 둥간이든,
우리는 모두 무슬림 형제들!!

이교도 중국 놈들에게 맞선 성전
지하드에 함께하리이다!!!

신앙을 위해
맞서 싸우자!!

So, 억류되어 있던 중국인 포로들을
돌려보내며 교섭 의사를 전하기도 하고.

중국인 수만 명
죽여놓고 뭔 이야기….

저쪽에서 이야기 좀
하고 싶다는대요.

자기가 죽인 거
아니라는대요.   ※사실임.

뭣보다 영국의
중재에 희망을 걸었다.

거, 야쿱 벡이 그리 꽉 막힌
사람 아니더이다. 어찌어찌
잘 풀고 싶다는대요.

호~

1874년, 포사이스가 이홍장과 회견.

카쉬가리아
자치권만 인정되면
기꺼이 청조에
신속하겠답니다.

(왕이든 후든 장군이든
임명해 주시는 대로 감사히 받고
일국양제든 뭐든 청나라의
충실한 신하가 되겠습니다~)

흐음?

-라고 하니,
굳이 국고 탕진해 가며
쓸데없는 원정 진행할 필요 없이
교섭으로 풀 수 있을 것
같습니다만?

(그리 아낀 돈으로 해군을…)

흠~
공터레스팅~

PRINCE
GUNG

조정 내에서도
평화적 해법
가능성을 고려.

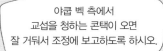

야쿱 벡 측에서
교섭을 청하는 콘택이 오면
잘 거둬서 조정에 보고하도록 하시오.

느예~
느예~

조정은
교섭의 여지를
열어둔다는
방침을 정했는데,

PRINCE
GUNG

결국 야쿱 벡 측과
청조 간 콘택은
이루어지지 않았다.

아니, 왜
메시지 확인을
안 하지?

아니, 왜 아무
메시지도 안 오지?

그건 아마….

펑

장군님,
나이샷~

(야쿱 벡 측에서의 모든 교섭 시도를
좌종당이 중간에 블록했으리라는 의심이….)

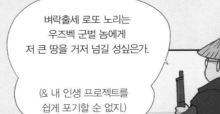

벼락출세 로또 노리는
우즈벡 군벌 놈에게
저 큰 땅을 거저 넘길 성싶은가.

(& 내 인생 프로젝트를
쉽게 포기할 순 없지.)

1876년 봄, 청군은 야쿱 벡 권역 접경지로 진군을 개시.

근간 야쿱 벡 정권은 러시아의 잠재 적국인
영국과 오스만 쪽으로 크게 기울었고.

영국은 독립국가 카쉬가리아가
영국 따까리로 존속되길 바라는 것 같다.

근데,
중국이 바로 야쿱 벡을 쳐부수고
신강을 수복하는 시나리오도 딱히
러시아한테 좋을 게 없는 것이….

크악!
파워 진압!!

꾀꼬닥~

이제, 신강 혼란을 틈타
러시아가 낼름했던
일리 땅 내놔라.

…
,,,

일리

청나라가 신강을 수복하면
일리 땅 내놓으라면서
국경 문제가
불거질 텐데요.

야쿱 벡이 이겨도 문제,
청나라가 이겨도
문제 아닙니까.

아아, 섬감 둥간혁명 진압에
10년을 허비한 거 보면 청나라가
그리 쉽게 이기진 못할걸세.

으어; 저걸 어떻게 마무리 짓지;

제일 좋은 건, 신강에서의 전쟁이 섬감 동간혁명처럼 진흙탕 싸움이 되어 끝없이 질질 끄는 거지.

이건 영국의 입장도 난처하게 할 거고.

그사이 우리는 야금야금 신강 쪽으로 세력과 영향력을 확장할 수 있을 것이야.

그런 밸런스를 위해 청군에게 군량도 얼마든 팔 수 있지~

그런 상황을 우려한 영국은 청조에 계속 화평 교섭을 권고.

아오; 섬감 동간혁명 진압도 그리 죽 쑨 청군인데, 신강은 더 심한 진흙탕이 되어 러시아에 유리한 상황을 만들어 주겠지요!

그러니 모쪼록 군사 원정 대신 교섭으로 평화롭게 풀길 권고드립니다;

주청 공사 웨이드

아니; 저도 진짜 그러고 싶은데 말이죠;; 뭐, 연락이 되야 말이죠;;

일단 반란 당시
섬감의 둥간 인구는
400여만 명! 많다!

그에 비해 야쿱 벡 정권의 주축인
카쉬가리아 일곱 도시 예쉬타르의
인구는 100만여 명! 적다!

그리고 섬감의 둥간들은
하나로 똘똘 뭉칠 수 있었던 균질 집단!

그에 비해 야쿱 벡 정권의 구성을 볼작시면
코칸트 출신이 권력 상층부를 차지하고
타지크, 키르기스가 섞여 들어와 있다.

이들에게 지배받는 위구르, 둥간은
외지인의 지배에 진심으로 충성하지 않는다!

우리는 모두
무슬림 형제들!!
지하드를 위해 뭉치자!!

. . . . .

끝으로, 야쿱 벡의 군대는 소수의 정예 병력을 제외하면
다수의 병사가 아직 전장식 소총을 사용하고 있으며
대포로는 수십 문의 구형 전장식 포를 운용할 뿐이다.

오스만에서 지원해준
물품들도 결국 다수가
구식 도태 장비였을 뿐.

이에 비해 우리 원정군은 병력 전원이 후장식 소총을 장비했고,

대포로는 최신형 크루프 후장식 포 수십 문을 끌고 간다!

당시 청군의 제식 장비는 영국제
스나이더 엔필드 소총

기존의 엔필드 소총 후미를 개조, 열고 닫을 수 있는
약실 뚜껑을 달아 탄을 장전할 수 있게 했다.

이 스나이더 엔필드 소총은 당시 청군뿐 아니라
일본군, 태국군도 제식 소총으로 채택한 베스트셀러.

이 시대의 F-16 같은 거랄까.

이런 제식 소총뿐 아니라, 신강 원정군 최정예 부대들에는
최신 소총들도 수십~수천 정까지 도입되었으니−

영국의 차기 제식 소총인
마티니 헨리 소총

이걸 당기면 탄띠가
자동으로 날아간다.

독일의 볼트 액션 소총인
게베어 1871

결국 볼트 액션이 소총 무림의
천하를 잡게 될 것이다.

신미양요 참전.

미국의 **레밍턴 롤링블럭**

그리고 미국의 연발 소총인
스펜서 연발 소총

탄약을 좌약처럼 쑥쑥 쑤셔 넣는다.

광동기기국 총판 온자소
(당대 중국 최고 기술자)

광동 기기국에서
스펜서 연발 소총을 (무단으로) 개량한
7연발 소총을 (무단으로) 다량 찍어내
신강 원정군에게 공급했지요!

그 이전의 관짝 밈이라고 하면 영화 〈장고〉에서 장고가 관짝을 끌고 다니던 장면이 대표적.

'D'는 묵음이다.

Djwa jong tang

Django (1966)

그 관짝에서 기관총을 꺼내 난사하는 것이 원조 관짝 밈!!!

TA TA TA TA TA

신강 원정군은 기관총까지 몇 정 챙겨서 서쪽으로 향했던 것이다!!

그렇게 '관'에서 꺼내 쏘는 총이기 때문에 기'관'총.

크읡!! 프리 위구르 마렵다!!!

제15장

신강 원정

1876년 7월, 신강 원정군의 북로군 2만여 병력이 진공을 개시한다.

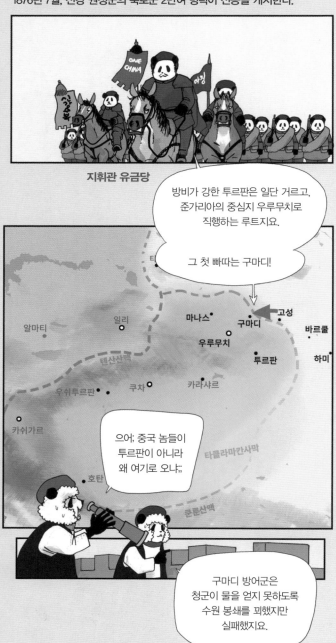

지휘관 유금당

방비가 강한 투르판은 일단 거르고,
준가리아의 중심지 우루무치로
직행하는 루트지요.

그 첫 빠따는 구마디!

으어; 중국 놈들이
투르판이 아니라
왜 여기로 오냐;;

구마디 방어군은
청군이 물을 얻지 못하도록
수원 봉쇄를 꾀했지만
실패했지요.

화력 차이가
너무 압도적이다;;

닷새간의 공방전 끝에
8월 중순 구마디는 청군에게 점령되고
무슬림 5~6천이 죽임당한다.

구마디 점령 후, 청군은
우루무치의 방비 태세가
허술하다는 정보를 얻게 되고.

뜸 들일 필요 없이
바로 우루무치로
진격한다!!

타르바가타이

알마티   일리   마나스   구마디   고성
                          우루무치   바르쿨
            톈산산맥   투르판   하미

        우쉬투르판   쿠차   카라샤르

    카쉬가르

한여름에 사막 지대
강행군이라니;;

8월 18일, 진군해 오는 청군을
둥간 기병대가 우루무치 외곽
지다반에서 요격 시도.

사막에서 더위와 갈증에
시달리며 죽어가라!!!

Again-하틴의 뿔 전투!!

But, 청군에게 별 피해를 주지 못한 채
둥간 기병대의 공격은 분쇄되고.

아니, 중국 놈들이
우째 양놈들처럼
싸우는 거지?!

더군다나 야쿱 벡의
선제공격 금지령이
전해져 사기가
땅에 떨어진다;;

둥간 기병대는 와해되어 뿔뿔이 흩어집니다.

한편 우루무치를 지키던 백언호는—

청군 놈들, 우리랑 감숙에서 싸울 때와는 완전 딴판인데?;;;

업그레이드에 돈을 영끌해 쳐발랐답니다.

HELP요, HELP!!!

우리 전력으로는 우루무치 절대 못 지켜요!! 야쿱 벡 휘하 정예군 보내주세요!!

But, 남쪽의 야쿱 벡은 지원군을 보내주지 않는다.

…지원군은 없다…. 알라의 가호에 기대 자력갱생하도록.

이에 백언호는 지다반에서 전투가 일어나기도 전에
우루무치성을 버리고 야반도주한다.

하, 우리를 버리는 말
취급하는데, 굳이 목숨 바쳐
남의 땅 지켜줄 필요 없지.

완쉐이~!
세상의 중심에서
완세이를 외치다!

결국 1876년 8월 19일,
청군은 우루무치 무혈 입성.

그건
울루루지.

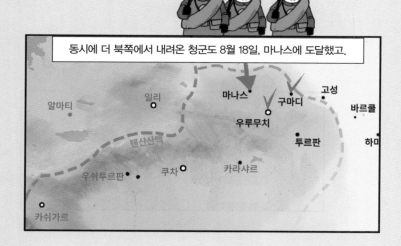

동시에 더 북쪽에서 내려온 청군도 8월 18일, 마나스에 도달했고.

마나스에서도 야쿱 벡에게 Help를 쳤지만,

도움!!!
마나스로 지원군
좀 보내주세요!!

언젠가 미래의 적이 될
둥간 놈들을 굳이
도와줘야 할 필요가?

역시 지원군은 올라오지 않고.

둥간군은
마나스 남성에서 포위된 채
희망 없는 저항을 이어간다.

하;
(무슬림) 형제애가
사라진다.

뭣보다,
청과 어떻게든 교섭을
성사시키기 위해 노력 중인데
굳이 싸움을
확대시킬 필요 없지….

결국 2개월 반의 포위 끝에
11월 6일, 마나스의 둥간군은
청군에게 항복.

야쿱 벡이
아주 개벡끼임.

이렇게 준가리아 중심부의
주요 성채들을 후려냈으니,

이제 적의 근거지인 카쉬가리아로
진군할 길이 활짝 열렸습니다!

ㅇㅇ, 미드 1차 타워
10분 컷!

근데 이제 11월이고, 겨울이잖슴.

이 동네 겨울은 움직이기
빡세니까, 일단 정비하자고.

알마티

마나스
우루무치
구마디
고성
바르쿨
하미
투르판

톈산산맥
우쉬투르판
쿠차
카라샤르

카쉬가르
카쉬가리아

타클라마칸사막

호탄

이리 좀 쉰 다음, 내년 봄이 오면
카쉬가리아로 大진공이다!!

그렇게 겨울을 맞아 청군의
공세는 일단 정지.

이 짬에 카쉬가리아 측에서도 방비를 강화하고 나선다.

톡순에는 야쿱 벡의
차남 학 쿨리를 배치.

정권의 본거지 카쉬가르에는
장남 벡 쿨리를 남겨서 후방의
안정을 도모한다.

쿠를라 사령부에는
투르키스탄 무슬림들의 보호자인
이 몸 야쿱 벡 에미르가 직접 좌정!
전선 전체를 지휘한다!

그러면서 뒷구멍으로는
청조와의 교섭을 포기하지 않고
계속 트라이하고 있다.

영국! 영국이
움직이면 가능하오!!

○○, 언제나
답은 영국이죠.

328

야쿱 벡의 특사 사이드 야쿱 한은
1877년 봄, 이스탄불을 찍고—

어이구; 중국 놈들이
쳐들어왔다니;;

새 술탄께서
카쉬가리아를
위해 새벽기도
드려주신답니다.

어차피 오스만 쪽 도움은
기대도 안 했다….

1877년 6월 초, 런던에 도착해 영국인들에게 도움을 청한다.

중국과의 교섭
주선을 부탁드립니다.

아니, 근데 중국 측과
접촉하기 위해 저 머나먼
런던까지 가다니, 좀
이해가 안 가는데요.

가까운 홍콩이나 상하이로
가는 게 더 낫지 않나요?

뭐, 상상의 영역이지만,
가까운 곳에서 접촉하려던 시도는
좌종당의 요원들에게
방해받았다던가—하는 스토리도
망상해 볼 수 있겠지요.

1877년 봄을 맞이해, 신강 원정군은
드디어 본격적인 대공세를 시작하고.

다반친에서 급하게 야쿱 벡 사령부로 Help 콜.

적 공세 시작!!
지원 바람!!

하지만 지원은 없다.

어; 음;
일단 전투를
회피하도록
노력하라는
명이 내려옴….

청 측과 교섭
가능각!

확전 금지.

이에 5일간의 포위 끝에 다반친의
무슬림 군대는 모두 도주.

4월 20일,
다반친 함락.

그래;; 도망치면
안 싸워도 된다!

이어서 청군이 야쿱 벡의 차남 학 쿨리가
지키고 있던 톡순을 공격해오자―

톡순에도 지원은 오지 않고.

4월 25일,
톡순 함락.

학 쿨리는 바로
성을 버리고 도주.

북로군의 진군과 함께
남로군도 투르판을 향해 진군을 개시.

3개 읍을 연달아 점령하며 오는 강행군으로 적은 지쳐 있을 것이다!

하킴 한軍은 청군을 요격하러 나왔으나,

4월 26일, 청군은 하킴 한軍을 투르판 외곽에서 손쉽게 격퇴.

영국 놈들이 아편전쟁 때 이런 기분이었겠구나….

와;; 기관총;; 태어나서 처음 봤다;;

개죽음 면하게 ㄸㄸ;

무슬림 군대가 이리 계속 패주한다고 비웃지 마라.

전력 차이도 전력 차이지만, 야쿱 벡에게 싸울 의지가 없다는 걸 모두 알게 되어서 멘탈이 다 바스러졌다고.

야비한 우즈벡 놈이 지원도 하나 안 보내주고, 사격 금지령, 확전 금지령이나 내리고 말야;

그 우즈벡 놈을 위해 개죽음을 감수할 위구르가 어딨겠남.

투르판의 하킴 한도 곧바로 도주.

4월 26일, 투르판 함락.

이로써 2주 만에 적들의 방어선을 무너뜨리고 쿠를라의 적 본영을 바로 맞닥뜨리게 되었다!

양군 본대 최종 결전이 코앞이다!

으어; 진짜 마지막 한타인갸;

쿠를라에는 야쿱 벡 직속 정예 병력 2만이 온전히 대기하고 있었는데.

타르바가타이

마나스
우루무치
구마디
고성
바르쿨
다반친
하미
톡순
투르판

알마티
일리

톈산산맥

쿠차
쿠를라

카쉬가리아

쿤룬산맥

ㄷㄷㄷㄷㄷ;;

334

이 지경까지 왔으니,
저 양반도 이제 제대로
싸우는 수밖에 없겠지.

......

아니, 영국 쪽에서
좋은 소식 오기를 기다리고
있다는 거 같은데;;

이야,
이거 참 어렵게 만든
글로벌한 자리네요~

1877년 6월 초,
런던에서는 영국 측의 주선으로
야쿱 벡의 특사
사이드 야쿱 한이
주영 청 공사 곽숭도와
교섭을 시작한다.

곽숭도   사이드 야쿱 한

곽숭도는 좌종당과
이홍장 양쪽과 모두
친분이 있으며―

우리는 장발적 토벌
전우들~

서양빠 인사이며
유연한 외교관을 지닌
인물이기에, 이런 교섭에
최적격이지요.

런던에서의 양자 교섭은 꽤 순조롭게 진행되었다고 하는데.

굽씨의 오만잡상

신장은 크게 톈산산맥 북쪽 준가르분지와 톈산산맥 남쪽 타림분지로 나뉩니다. 준가르분지는 몽골 고비사막과의 연속성이 느껴지는 건조한 스텝 지대이고, 타림분지는 타클라마칸사막이 널찍하게 자리한 메마른 지대입니다. 이 동네가 강수량이 적고, 여름에는 영상 40도 내외, 겨울에는 영하 20도 내외를 기록하는 극단적 연교차를 보이기는 하지만, 의외로 자연환경은 사막 지대를 빼면 그리 나쁘지 않습니다. 분지를 둘러싼 거대한 산맥들 꼭대기는 만년설로 뒤덮여 있고, 그곳에서 시작된 몇몇 큰 강줄기가 흘러 내려옵니다. 산자락과 강변에는 거대한 원시림이 끝없이 펼쳐져 있고, 수많은 오아시스가 지평선을 향해 점점이 이어집니다. So, 과거부터 위구르는 강과 오아시스 주위에 도시를 건설해 살아왔습니다. 이들이 살아가는 땅이 제법 농사지을 만하기에, 그 소출은 그럭저럭 먹고살 만한 수준이었지요. 풍부한 일조량 덕분에 과일들의 당도가 높아, 이곳의 포도, 석류, 하미과(멜론) 등이 유명합니다. 특히 투루판 지역의 포도 농장에서 만드는 투루판 와인은 세계적 명성을 자랑하지요. 오늘날에는 면화가 농업의 핵심이라 할 수 있습니다. 세계 면화 생산량 1위인 중국에서 가장 많은 면화를 생산하는 지역이 신장이지요. 중국은 이 면화로 막대한 양의 면직물을 찍어내 세계 시장에 수출하고 있습니다(2021년 미국은 중국이 신장에서 자행하는 인권 탄압에 항의하는 의미로 신장산 제품들에 대한 제재를 시행, 신장산 원면을 사용한 유니클로 셔츠의 수입을 제한하기도 했죠). 뭣보다 신장은 실로 중국 광물 자원의 보물 창고. 중국 전체 석유·가스 매장량의 3분의 1이 묻혀 있고, 금, 구리, 니켈, 크롬, 각종 희토류도 땅만 파면 나오지요.

이처럼 끝땅이라는 점을 차치하고라도, 신장은 중국 서부 안보의 거대한 공간 장갑, 중앙아시아을 향한 대마大馬, 파키스탄을 통한 인도양 진출 루트의 핵심 그리고 그냥 거대한 넓이 그 자체로 강대한 국력의 현현이니⋯ 베이징이 그 땅을 유지하기 위해 곳의 사람들을 짓뭉개는 일은 18세기에도, 19세기에도, 20세기에도, 21세기에도 계속됩니다.

End of 신강
무슬림 봉기

세계

1873년	1875년	1876년	1877년	1878년	1879년
경제 대공황	영국, 수에즈운하 매입	영국령 인도제국 성립	러투전쟁	2차 아프간전쟁	베를린 회의

신강

1873년		1876년	1877년	1878년	
아쿱 벡, 에미르 등극		청군, 신강 원정 개시	아쿱 벡 사망	신강 무슬림 봉기 종료	

청

1873년	1875년				
섬감 동간혁명 종료	광서제 등극				

조선

1873년	1875년	1876년			
대원군 실각	운요호 사건	강화도조약			

일본

1873년	1874년	1876년	1877년	1878년	
정한론파 실각	대만 출병	하기의 난	서남전쟁	오쿠보 암살	

빠친 야쿱 벡은 냉차를 원샷하고.

뇌졸중(추정)으로 쓰러진다.

그렇게 다음 날인 1877년 5월 29일, 야쿱 벡 사망(향년 57세).

이제 이러면 이야기가 어떻게 되는 거지;;

장남 벡 쿨리는 멀리 카쉬가르에 있었던지라
일단 쿠를라 근처 전선에 있던 차남 학 쿨리가
상주 노릇하며 시신을 확보.

학 쿨리는 하킴 한에게 전선을 맡기고 수도인 카쉬가르行.

학 쿨리가 쿠를라를 떠나자마자—

하킴 한,
칸을 자처하며 반기.

카쉬가르로 향하던 학 쿨리는
형 벡 쿨리에게 피살된다.

학 쿨리와 동행하던 토호 니야즈 벡은 호탄으로 도주해 세력화를 모색.

어이구, 우즈벡 놈들 상갓집 꼬라지 아름답다~

그리하여 야쿱 벡 사후 카쉬가리아는 크게 4개 세력으로 나뉘었으니─

카쉬가르의 벡 쿨리

악수의 하킴 한

쿠를라의 백언호

호탄의 니야즈 벡

쿠를라에서는 백언호의 둥간군만이 청군을 막고 있다.

이 망겜판에 저것들은 내전 돌입이야!!

억;; 쟤네 굴러가는
꼬라지가 재밌겠는데요.
ㅋㅋ

야쿱 벡 초상 치르고
지들끼리 쪼렙 싸움하는 거
잠깐 구경이나 할까. ㅋㅋ

전군, 일단
휴식~

1877년 8월, 벡 쿨리와 하킴 한은 카쉬가리아의 패권을 두고
카쉬가르와 악수의 중간 지점에서 결전을 벌인다.

외부 세력 꺼져라!!
카쉬가리아는
위구르의 것이다!

적법하게 책봉받은
에미르 후계자에게
복종할지어다!!!

애비가 없어서
애비르가 아닌
에미르인갑네!

전투 초반에는
머릿수로 밀어붙인 위구르 병사들의
세에 힘입은 하킴 한軍이 우세했지만,

결국 질적으로 우세한 외지인 장교들이 이끄는
벡 쿨리軍이 승기를 잡게 된다.

그딴 드립이나 치니
당신이 안 되는거야.

탕

크윽;;

패배한 하킴 한은 러시아령으로 도주.

자, 이제 다음은
호탄인가!

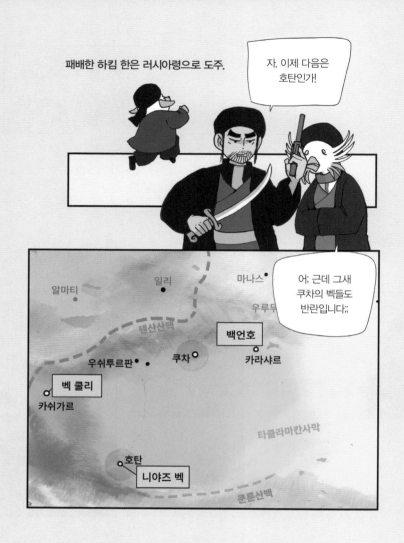

어; 근데 그새
쿠차의 벡들도
반란입니다;;

알마티   일리   마나스

우루무

톈산산맥   백언호

우쉬투르판   쿠차   카라샤르

벡 쿨리

카쉬가르

타클라마칸사막

호탄

니야즈 벡

쿤룬산맥

크악!!
중국 놈들과 싸우기 전에
반란 종자들부터
다 박살내 주겠다!!

10월, 벡 쿨리는 호탄으로
진격해 니야즈 벡軍을 깨부수고.

제방을 터뜨려
카라샤르를 수몰시키고 도주한다.

카라샤르 서쪽으로 계속되는 청군의
진군 앞에 크고 작은 읍성들은 대부분
큰 저항 없이 바로바로 항복.

지역민 대부분은 야쿱 벡의 죽음으로 그의 왕국도 끝났다고 여기고 있고.

그렇다고 위구르가 하나로 뭉치기도 힘든 게, 호족들이 내분으로 죄다 깨져나갔고.

몰려오는 청군은 첨단 무기로 무장한 4만 대군이고.

12년간 지속되었던 야쿱 벡 왕국은 그렇게 밀물 앞의 모래성처럼 사르르 무너져간 것.

좌아아

으음¨

…이런 상황입니다만;; 지역 무슬림들의 수호자인 에미르로서 청군에게 맞서 싸우시겠습니까?

상식적으로 생각해서,

이 땅 무슬림들이 모두 똘똘 뭉쳐
청군에게 맞서도 이길까 말까인데;

이리 내분으로
갈갈이 찢긴 상황에서
이길 가능성이 있을 리가 있나;

알라께서도 이건
"느그 자신을 알라─" 하고
손절하실 듯.

어쩔 수 없이
카쉬가르의 가족들과
금고를 챙겨서 러시아령이나
영국령으로 도망갈 수밖에.

언젠가 다시 천시가
찾아오길 기다려 보자고.

그런데
말입니다, 전하!!

카쉬가르에서도
반란입니다!!

10월, 카쉬가르 수비대장이었던
마달루야가 반란.

야쿱 벡 정권이
이 땅에서 수탈한 재화,
네놈들이 가져갈 수 없다!!

알마티

일리

마나스

우루무치

톈산산맥

투르판

청군

우쉬투르판

쿠차

카라샤르

백연호

마달루야

카쉬가르

벡 쿨리

타클라마칸사막

호탄

쿤룬산맥

어이쿠, 그냥 빨리 국경 넘어가시지, 왜 굳이 여기로 오셨댜? ㅎ

이에 빡친 벡 쿨리는 카쉬가르를 공격.

갈 때 가더라도 네놈 목은 반드시 따고 간다!!

비켜! 비켜!! 쿠차쿠차!

한편 청군에게 쫓기던 백언호는 쿠차의 벡들을 몰아내고 쿠차를 잠깐 점거했다가―

청군이 들이닥치자마자 톈산산맥으로 도주.

하;; 섬감 둥간혁명 이래 15년의 투쟁이 이리 허무하게 엔딩이라니….

무리 4천과 함께 러시아령으로 넘어가 다시 돌아오지 못한다.

1877년 12월, 1달 넘게 카쉬가르를 포위하고 있던 벡 쿨리의 등 뒤로 청군이 다가오고.

결국 12월 중순, 벡 쿨리도 러시아령으로 도주하게 된다.

1877년 12월 18일, 마달루야는
카쉬가르성 앞에 도달한 청군에게 즉각 항복.

적의 수도
점령!

어섭쇼~

알마티　　　　일리　　　　　마나스

우루무치

텐산산맥

투르판

쿠차

카라샤르

우쉬투르판

카쉬가르

이어서 1878년 1월 2일,
호탄도 항복함에 따라—

호탄

쿤룬산맥

14년에 걸친 신강 무슬림 봉기는
종결된다.

앞으로 이 땅에 다시
기회가 있을까…?

대청제국의 승리!

신강 무슬림 봉기는
대청제국의 승리로 끝났습니다.

帝國蒼穹保

이겼닭!! 오늘 저녁은 제너럴쏘 치킨이닭!!

이겼다!!

완쑤이!!!!

완쑤이!! 완쑤이!!
완완쑤이!!!!

이로써 나님의 이름은
중화 명장 명예의 전당에 남아
길이길이 칭송받을 것이다!!
곽거병 옆자리쯤에.

와놔; 압도적 군비 지원+
자멸한 적 덕분에
이리 거저먹는 꽁승이
나오네요;

몽골

신강

티베트

이 거대한 땅덩어리를
중화의 영역으로 보전할 수
있었던 것은 오로지
한 선비의 결연한 의지
덕분이었음을 기억하라!!

356

주요 사건 및 인물

주요 사건

폐도령과 질록처분

일본의 관료 시스템이 옛 막번 시대의 큰 정부 형태에서 신정부의 중앙집권적 작은 정부 형태로 바뀌고, 군대도 국민개병제 형태로 바뀜에 따라 다수 사족은 일자리를 잃고 실업자 신세가 되고 만다. 이들에게 지급하는 봉록은 신정부 국가 예산의 3분의 1을 차지할 정도로 막대한 부담이었다. 사족을 구시대적 신분 질서의 잔재로 여긴 신정부는, 문제 해결을 위해 1876년 3월 폐도령을 시행한다. 칼을 허리춤에 차고 다니지 못하게 함으로써 사족의 상징을 지워버리고 구시대적 신분 질서의 완전한 소멸을 꾀한 것이다. 곧이어 1876년 10월 질록처분을 발표, 봉록 지급을 정지하기로 한다. 대신 호봉과 직급에 따라 5~10년 치 봉록을 퇴직금으로 지급하는데, 현금이 아닌 금록공채라는 채권 형태였다. 하루아침에 먹고살 길이 막막해진 사족들은 채권을 팔아 사업을 벌이기도 하지만, 대부분 망하거나 사기의 희생양이 될 뿐이었다. 이러한 방침에 불만을 품은 일부 사족은 곧 신정부 타도를 외치게 되니, 반란이 곳곳에서 터져 나온다.

서남전쟁

불평 사족의 반란이 가장 거셌던 곳은 사쓰마다. 1873년 10월 메이지 6년의 정변으로 정한론파가 실각하자, 그 거두인 사이고 다카모리는 직을 내놓고 사쓰마로 낙향한다. 이때 그를 추종하던 600여 명의 정부 관리와 3,000여 명의 근위대 병력이 함께한다. 이후 사이고는 사학교(私学校)라는 이름의 학교를 세우는데, 이곳의 선생과 학생이 세력을 형성, 가고시마 지역을 주름잡으니, 사학교당으로 불린다. 일본 정부는 가고시마의 불온한 동향에 촉각을 세우며 각종 조치를 취한다. 정부군의 가고시마 조병창 설비 무단 반출, 사학교당의 경시청 위장 요원 고문 등의 사건이 이어진 끝에, 결국 1877년 2월 사쓰마 사족은 무력 봉기를 결정한다. 이에 일본 정부가 강경 진압에 나서며 일본사 마지막 내전인 서남전쟁이 시작된다. 반란군의 계획은 가고시마에서 출발, 구마모토를 점령하고 후쿠오카로 진군하는 것이었다. 그런데 구마모토성의 정부군과 대치하는 동안 후쿠오카에 상륙해 남진하는 정부군, 야쓰시로에 상륙해 북진하는 정부군에게 협공당해 세가 크게 꺾인다. 이후 잔당은 정부군의 추적을 피해 규슈 전역을 가로지르다가 1877년 9월 다시 가고시마로 돌아와 최후를 맞는다. 사이고도 마지막 전투에서 할복으로 자결하니, 구심점을 잃은 불평 사족의 항거는 사그라들고 사무라이는 역사의 뒤안길로 사라진다.

오쿠보 도시미치 암살 사건

서남전쟁이 정부군의 승리로 끝나며 대규모 사족 반란은 막을 내린다. 하지만 여전히 무력행사에 미련을 버리지 못하는 불평 사족 잔당이 있었으니, 옛 카가 번사 시마다 이치로도 그중 하나였다. 정한론에 경도되어 사이고를 따르게 된 그는 서남전쟁이 한창일 때 동조 봉기를 기획하지만, 때를 놓친다. 서남전쟁이 사족의 패배로 끝나자 그는 오쿠보 도시미치를 암살하기로 마음먹는다. 그가 밝힌 암살의 대의를 살펴보면 첫째, 여론과 민권을 억압한다는 것, 둘째, 법이 일관되지 못하고 청탁이 만연하다는 것, 셋째, 쓸데없는 토목공사로 국가 예산을 낭비한다는 것, 넷째, 애국지사를 혐오해 내란을 일으킨다는 것, 다섯째, 외국에 굽실거려 국권을 실추시킨다는 것이다. 이런 이유로 암살을 계획한 지 1년여가 지난 1878년 5월 14일, 시마다와 5명의 일당은 출근길의 오쿠보를 습격, 잔혹하게 살해한다. 암살단은 곧바로 자수해 2개월 후 모두 참수되고, 오쿠보의 장례식은 일본 최초의 국장으로 성대하게 치러진다.

그레이트 게임

19세기 영국과 러시아가 중앙아시아를 주 무대로 삼아 벌인 패권 다툼이다. 18세기 준가르에게 침공당한 카자흐의 도움 요청에 응하면서 러시아의 중앙아시아 진출이 시작된다. 처음에는 카자흐의 칸들이 차르에게 형식적으로 신속하는 형태였지만, 러시아는 차근차근 카자흐 전체를 식민지화한다. 카자흐 바로 아래에는 우즈벡인들이 세운 히바 칸국, 부하라 에미르국, 코칸트 칸국이 있었는데, 이들은 러시아의 남하를 걱정하면서도 서로 끊임없이 싸워댔다. 이에 영국이 나서 페르시아와 아프간, 우즈벡 3국에 영향력을 행사하고 때로는 각국과 교섭해 러시아의 남하를 막아낸다. 러시아가 중앙아시아를 가로질러 남진해 결국 인도까지 이르는 사태를 경계했기 때문이다. 이처럼 남하하고자 하는 러시아와 이를 막으려는 영국이 중앙아시아의 여러 세력을 활용해 서로 견제하는 그레이트 게임이 19세기 내내 이어진다. 이러한 패권 다툼은 중앙아시아뿐 아니라 흑해부터 극동까지 세계 전역을 무대 삼게 되니, 훗날 조선에도 영향을 미친다.

둥간혁명

섬감(섬서와 감숙)에서 중국인 무슬림인 둥간(회민)들이 일으킨 봉기다. 넓게는 신강 무슬림(위구르) 봉기까지 아우르는 표현이다. 아편전쟁, 태평천국의 난 등 계속되는 난리로 청조의 국고가 바닥나자 지방 각지의 관청은 중과세를 부과해 백성의 원성을 산다. 그러던 중 1862년 섬감 지역에서 한족 민병대와 충돌한 둥간들이 대대적으로 봉기해 이후 10여 년간 반란이 이어지게 된다. 둥간군은 승보의 청군을 패퇴시키고 서안을 포위하기까지 하지만, 곧 흠차대신 다룽아(多隆阿)의 청군에게 패배한다. 이어서 1867년 좌종당이 섬감총독으로 부임, 제노사이드에 가까운 과격한 진압에 나선다. 결국 1869년 봉기의 주요 지도자인 마화룡(馬化龍)이 항복 후 처형당하고, 1872년 다른 지도자인 마점오(馬占鰲)가 전향해 청군에 합류한다. 이때 전향한 이들이 이후 섬감 둥간 세력의 주류가 된다. 1873년 감숙의 마지막 둥간군 거점인 주취안이 함락되고 마문록(馬文禄)이 처형당한다. 이때 백언호가 이끄는 1~3만 명 정도의 둥간이 신강으로 도주한다. 청군이 신강까지 침공해 오자 이들은 중앙아시아의 러시아령으로 망명해 오늘날까지 카자흐스탄, 키르기즈스탄 등에서 소수민족으로 명맥을 이어오고 있다.

신강 무슬림 봉기

둥간혁명의 불길은 신강으로 번진다. 18세기 중반 중국은 준가르를 몰아내고 동투르키스탄 전체를 정복한 후 신강이라 이름 붙인다. 이후 준가르의 영역이었던 톈산산맥 북쪽에 톈산산맥 남쪽에 살던 위구르를 정착시키고 군대를 두어 통치한다. 19세기가 되어 조정의 지원금이 끊기자 현지 주민이 부담해야 할 세금이 크게 높아져 원성이 터져 나온다. 그러던 중 섬감에서 둥간혁명이 터지고, 이에 자극받은 신강의 무슬림도 봉기를 일으킨다. 신강 무슬림 봉기는 지역적 특수성 때문에 단일한 주도 세력 없이 여러 집단이 나름의 명분을 천명하며 군웅할거의 형세를 띤다. 그중 코칸트 칸국에서 카쉬가르로 파견 온 야쿱 벡이 여러 세력을 규합해 신강을 평정한다. 그는 영국, 러시아와 외교 관계를 맺고, 오스만 제국에 에미르(수장)로 책봉받는 등 대내외적으로 그럴듯한 독립왕국의 형태를 갖춰나간다. 그즈음 자국 내 반란을 어느 정도 평정한 청조는 해방과 새방을 둘러싼 논쟁을 벌인 끝에 신강 재정복 방침을 세우고 좌종당을 흠차대신으로 임명한다. 이에 야쿱 벡은 영국에 중재를 청해, 청조에 신속하는 대가로 자신의 왕국을 존속할 비밀 협상을 추진한다. 하지만 그가 갑자기 쓰러져 죽고, 막강한 군비로 무장한 좌종당의 청군이 파죽지세로 밀고 들어오며 봉기 세력을 모두 분쇄하니, 신강 무슬림 봉기는 싱겁게 막을 내린다.

주요 인물

기도 다카요시 木戸孝允

사이고, 오쿠보와 함께 유신 삼걸로 불린 정치가다. 조슈번을 대표하는 유신지사로 원수지간인 사쓰마번과 삿초 동맹을 맺을 정도로 신중하고 전략적인 면모를 보인다. 메이지 신정부에서 요직을 두루 맡는데, 특히 수도를 교토에서 도쿄로 옮기는 천도 사업을 책임진다. 이때 폐번치현을 밀어붙이는 등 근대적 행정 체계의 도입을 주도하며 대장성의 기반을 닦는다. 이와쿠라 사절단의 일원으로 서구 열강을 둘러보고, 돌아와서는 아직 일본의 힘이 부족하다는 이유로 정한론에 반대한다. 서남전쟁 중 지병이 악화해 병상에서 사이고에게 자중하라는 편지를 보내고, 1877년 5월 26일 사망한다.

사이고 다카모리 西鄕隆盛

오쿠보, 기도와 함께 유신 삼걸로 추앙받은 인물이다. 이와쿠라 사절단이 일본을 떠나 있을 때 지조개정과 징병제를 시행하는 등 굵직굵직한 개혁들을 추진한다. 이후 정한론을 두고 오쿠보와 충돌한다. 사이고는 전쟁을 벌이든, 외교적으로 담판을 짓든 조선에 적극적으로 대응해야 한다고 주장했고, 오쿠보는 시기상조라며 반대한다. 결국 1873년 10월 천황이 오쿠보 측에 힘을 실어주며 사이고는 사직, 고향인 사쓰마로 내려간다. 이때 뜻을 같이하는 수많은 사족이 사쓰마에 모여 세력을 형성하니, 서남전쟁의 씨앗이 된다. 1877년 2월부터 9월까지 계속된 서남전쟁에서 사족 세력은 정부군에게 패하고, 사이고는 가고시마에서 마지막 전투를 벌이다가 부상당한 후 할복 자결한다. 사후 12년이 지난 1889년 사면 복권되고, 1898년 도쿄 우에노 공원에 동상이 건립된다.

이토 히로부미 伊藤博文

조슈의 하급 무사 출신으로, 일찍이 영국 유학을 다녀와 넓은 식견을 갖췄고, 친화력이 좋아 사람 사이의 여러 문제를 중재하고 일의 진행을 주선하는 데 탁월했다(하지만 여색을 밝힌다는 흠이 있었다). 유신 삼걸이 세상을 떠난 후인 1878년 5월 오쿠보의 내무경 자리를 이어받아 신정부를 이끌게 된다. 이토 히로부미의 앞에는 시급히 해결해야 할 과제가 산적했으니, 번벌의 유력

인사들로 구성된 과두정의 원활한 운영, 헌법 제정과 의회 정치를 주장하는 자유민권파와 이를 반대하는 보수파의 대립, 서구 열강과의 불평등 조약 문제, 서남전쟁을 겪으며 팽창한 정부 재정과 부채, 이에 영향받은 인플레이션 문제 등이 있었다. 이 모든 과제를 극복하고 근대국가 건설의 대업에 나서기에 앞서, 신정부는 먼저 류큐를 합병해 전근대적 지역 질서를 부정하고 확장주의 정책을 실험하기로 한다.

야쿱 벡 Yaqub Bek

코칸트 칸국 출신으로 한때 신강을 통일하고 독립정권을 세웠던 인물이다. 초기 경력은 잘 알려지지 않았으나 어린 시절 용모가 아름다워 찻집 무용수로 활동했다고 한다. 정계 거물인 매형의 도움으로 공직 생활에 발을 들인 후에는 어지러운 정국 속에서 편을 바꿔가며 아슬아슬하게 경력을 쌓아나간다. 그러던 중 신강에서 무슬림 봉기가 일어나자, 신강 남서부의 카쉬가리아 지역에 영향력을 행사하던 코칸트 칸국은 1865년 부주르그 호자와 함께 야쿱 벡을 감독관으로 보낸다. 그는 카쉬가르 석권을 시작으로 유력한 경쟁자인 지역 명문가 출신 라시딘 호자를 물리치며 동쪽으로 진출, 신강 전역을 자기 발아래 둔다. 이후 우루무치를 향해 북진하자, 러시아는 일리 지역으로 군대를 보내 견제에 나선다. 이에 야쿱 벡은 1872년 러시아와, 1873년 영국과 무역 협정을 맺어 두 대국 사이에서 운신의 공간을 모색한다. 이 와중에 오스만제국 황제에게 에미르로 책봉 받아 신강 통치의 정당성도 확보한다. 하지만 그의 신강 통치는 무거운 세금과 강압적인 통제 때문에 백성의 원성을 산다. 청조가 신강 재정복을 결정하자 군사적으로 맞서기보다는 영국의 중재에 희망을 건다. 1876년 좌종당의 청군이 신강 침공을 개시할 때조차 야쿱 벡은 여전히 협상이 잘되기만을 바라며 적극적인 대응을 금지한다. 하지만 청군의 진격은 계속되고, 그는 1877년 5월 26일 급사한다(뇌졸중으로 추정). 그의 사후, 휘하 세력은 사분오열되고, 청군은 손쉽게 신강을 재정복한다.

좌종당 左宗棠

20대 중반까지 과거에 합격하지 못해 고향에 은거하다가 태평천국의 난 때 증국번의 막료로 합류, 초군을 이끌며 공을 세운다. 이후 양무운동을 주도하며 마미조선소와 광동기기국 등을 세워 군수산업 육성에 힘을 쏟는다. 1867년 둥간혁명으로 불타는 섬감에 총독으로 부임해 진압에 전력한다. 1873년 둥간혁명을 평정한 후에는 난민 구호와 재정착 지원 정책으로 섬감 지역 안정화에 공을 들인다. 이후 해방과 새방을 둘러싼 이홍장과의 논쟁에서 우위를 점하고, 신강 원정에 조정의 대규모 지원을 끌어낸다. 철저히 준비한 좌종당의 청군은 1877년 야쿱 벡 세력을 멸망시키고 신강 재정복을 완수한다.

백언호 白彦虎

산시성 출신의 둥간 지도자로, 청군에서 장교로 복무했다. 둥간혁명이 벌어지자 투신해 둥간군을 이끈다. 반란을 진압하러 온 승보의 청군을 무찔러 18대영의 원수로 추대된다. 하지만 좌종당의 강력한 진압작전에 밀려 결국 1873년 섬감을 떠나 신강으로 도주한다. 그곳에서 백언호와 그의 세력은 동쪽 경계를 지키도록 배치되는데, 곧 신강을 재정복하러 온 청군과 맞닥뜨린다. 아무런 지원도 받지 못한 그는 다시 패주하고, 곧 야쿱 벡 세력도 멸망에 이른다. 결국 1877년 남은 세력 수천 명을 이끌고 톈산산맥 너머 러시아령 서투르키스탄으로 도주하니, 다시 돌아오지 못하고 1883년 키르기스스탄에서 사망한다. 이때 그와 함께 톈산산맥을 넘은 둥간들이 그곳에 정착해 소수민족이 되어 오늘에 이르고 있다.